El futuro nos arrastra...

La Argentina en el mundo que viene

Genética y nanotecnología, robótica e Inteligencia artificial incuban una gigantesca revolución científico técnica

¿Nos preparamos?

Ricardo Lafferriere

2015

Sumario

Este libro se publicó originalmente como un artículo titulado "Prospectiva científica y reflexión política" en los blogs **"Con-texto"** (www.con-texto.com.ar/?p=1618) y **"Temas de la nueva agenda"** http://www.nuevaagendaglobal.blogspot.com.ar/2015_02_01_archive.html

Editado, corregido y ampliado.

El artículo fue desarrollado en el mes de abril de 2015.
Permitida su reproducción total y parcial, citando la fuente.
ISBN 978-1-326-36989-7
E-book de edición argentina.
2015, Ricardo Lafferriere

Prólogo

Este libro fue terminado en abril de 2015.

A un año de su edición un cambio sustancial se está produciendo en la Argentina: la llegada de un gobierno que anuncia el giro copernicano en su interpretación del mundo con respecto a lo que han sido las administraciones políticas de la Argentina desde hace varias décadas.

El futuro es opaco y no hay forma de saber si los propósitos podrán convertirse en hechos. Valga sin embargo decir que nos encontramos con una administración que, conceptualmente, es la que más se ha acercado al "cutting edge" global de su tiempo en toda la historia argentina.

Tal vez la del desarrollismo, experiencia que gobernó el país entre 1958 y 1962, sea la que más pueda acercársele. Sin embargo, los fuertes condicionantes de la turbulenta política argentina –y latinoamericana- de los tempranos sesenta, con los coletazos del gobierno peronista, de la "Revolución Libertadora", de la proscripción del peronismo, del surgimiento de la insurgencia continental y del auge de la Guerra Fría no ayudaron a su maduración, y terminó frustrada.

Hoy, los condicionantes existen pero son de otra magnitud. Viven en el estado cultural del debate público argentino, pero éste se asienta en una sociedad más madura e imbricada con la evolución del mundo, entre otras cosas por la pervasiva influencia de la interactividad por redes sociales, impregnación tecnológica y debilitación iconoclasta de las antiguas afirmaciones del "mundo sólido" y la sólida convicción democrática, herencia de los años de plomo y de la exitosa transición liderada por Raúl Alfonsín a partir de 1983. Es una buena base para reingresar en la historia.

La etapa iniciada el 10 de diciembre de 2015 abre una ventana al mundo e invita a entrar en él. Se encontrará en el tono de este libro, escrito cuando este escenario era una lejana posibilidad política, un dejo pesimista en cuanto a la acción pública. No obstante y a pesar de ello se proponen ya en ese momento una serie de líneas de acción que hacen sintonía con las que, sin contacto previo sino simplemente mirando con sentido común la evolución del país y del mundo, ha llegado a similares conclusiones intelectuales que la del actual equipo gobernante.

He preferido mantener el libro sin modificaciones, porque su núcleo no cambia: el mundo está construyendo la ciudad del futuro, lo hace cada vez más integrado, la revolución científico-técnica es su motor y el mercado global su marco de realización económica, los derechos humanos su estandarte indiscutido y el cosmopolitismo consciente –racional, progresivo, inclusivo, sensato, respetuoso- su metodología de avance.

La incógnita mencionada al principio no invalida el cambio de talante. Hoy es posible mirar el futuro con menos pesimismo y hasta con un dejo optimista. Los argentinos podemos ser protagonistas y eso entusiasma.

Buenos Aires, marzo de 2016

Ricardo Lafferriere

El futuro nos arrastra

La Argentina en el mundo que viene

Capítulo 1. Introducción

El mundo se acelera. Cada vez más.

No hay día en que la información no nos anoticie de alguna novedad sorprendente, algún proyecto insólito, algún logro impensado.

Los campos son variados. Los hay tradicionales y los hay algunos que tal vez ni sabíamos que conformaban un espacio separado de reflexión, investigación y especialización. Algunos, de nombre con remembranzas antiguas, pero otros tan recientes como nuevos son los hechos que estudia.

El conocimiento se va abriendo en ramas cada vez más especializadas, y la tecnología hace su juego tomando de diversas fuentes aportes con las que sincretiza su acción sobre el mundo.

La robótica no es nueva, pero su simbiosis con la nanotecnología y con la genética le abre un campo inesperado. También sorprendente.

Tampoco es nueva la nanotecnología, o sea la tecnología de lo muy pequeño, entre uno y cien microns (es decir, entre la millonésima y la diezmilésima parte de un metro). Su conjunción con la genética y la robótica desata proyectos que observaremos en las páginas que siguen y que pueden conducir, nada menos, que a derrotar la muerte por primera vez en la historia de la especie.

Esta aceleración del conocimiento, científico y técnico pero también aplicado a la vida cotidiana abre el abanico de las tradicionales actitudes frente a lo nuevo: la resistencia, la tolerancia y el entusiasmo. Éstas admiten más estadios intermedios que nunca y convocan a la reflexión para decidir temas de una extensión y variedad de amplitud similar.

¿Dónde asignar fondos públicos? ¿Es necesario reglamentar determinadas investigaciones? ¿Debemos pensar en prohibir otras? ¿Deben mantenerse encerradas en los ambientes científicos o expandirse? En este último caso ¿deben establecerse límites a su expansión?

¿Cuál es el efecto de la revolución científica que estamos atravesando en la convivencia humana? ¿Debemos reformular las normas morales, la organización de la familia, la extensión de los derechos individuales, los límites de la libertad personal, el alcance de la simbiosis hombre-máquina, el desarrollo de la "inteligencia artificial fuerte"?

Ante las nuevas posibilidades de reproducción humana, ¿cuál es la actitud a tomar? ¿Son socialmente aceptables todas? Si no fuera así ¿cuáles son los límites? ¿Quiénes –si es que alguien...- tienen derecho a fijarlos? ¿Dónde empieza y donde termina la libertad de la condición humana y cuáles son las conductas que pertenecen a su intimidad y a su decisión personal? ¿Quién –si es que alguien...- puede decidir si se interviene un cigoto para dar determinadas características a un futuro ser humano? ¿Sus padres? ¿El Estado? ¿En el primer caso, a quiénes consideramos padres?

¿Son variables las formas familiares? ¿Quiénes –si alguno...- deben fijar las reglas para su aceptación social? ¿O también esto pertenece al libre albedrío de las personas que deciden vivir de una forma u otra?

Si la familia ya no es el lugar especializado en la reproducción ¿hasta dónde –si es que debe llegar hasta algún punto....- se extiende la posibilidad de nuevas formas familiares? ¿Todas ellas tendrán habilitada la posibilidad de gestar hijos? ¿Quiénes tendrán la obligación de criarlos y el derecho a educarlos?

La superación de exclusividad de la familia nuclear –hombre, mujer, hijos, padres, abuelos- ¿implica que cada grupo de personas tiene el derecho de establecer su núcleo íntimo de convivencia? ¿Deben establecerse formatos o deben dejarse librados a los protagonistas? Los matrimonios –ya extendidos como posibilidad a personas del mismo sexo- ¿pueden sortear también el límite de la pareja, es decir, pueden constituirse con más de dos personas?

La ciencia –y su parienta activa, la tecnología- son mencionadas a menudo en la reflexión política como factores de la economía y aún de la sociedad global, centralmente como ejemplos de su influencia en la evolución de los procesos –económicos y sociales- y como demostración de la importancia que tiene "tenerlas en cuenta", sea como factores de producción, sea como herramientas de modernización social.

En los últimos tiempos –más precisamente, en los últimos tres lustros- el exponencial desarrollo de las comunicaciones y la telemática han pasado a ser componentes protagónicos del cambio copernicano que significaron, para la vida social, el surgimiento de Internet, su influencia en la deslocalización de los procesos productivos, la aceleración de la transferencia de información y la llegada de nuevos actores sociales, curiosamente "individuales", mediante los mensajes electrónicos, los foros, los celulares inteligentes y las redes sociales.

Sin embargo, no son los únicos campos en que la revolución científico técnica muestra avances sorprendentes y ha llegado a puntos de ruptura. Los avances tecnológicos en medicina genética y biotecnológica, nanotecnología, inteligencia artificial, robótica, nano-robótica, modificaciones genéticas tanto en células vegetales, animales y humanas, creación de órganos artificiales, reemplazo y mejoramiento de capacidades del cuerpo, modificación de cultivos, desarrollo de nuevas fuentes energéticas, sondas espaciales –para observación del universo- y nano-robots para exploración del interior de seres vivos –aún humanos-, y otra gran cantidad de campos que, sobre la base del crecimiento exponencial de la capacidad de almacenamiento y procesamiento de información, han llevado los límites del conocimiento hasta verdaderos cambios de escenarios y paradigmas.

La indagación que se propone en esta nota –se habrá advertido- va más allá.

No se reduce sólo a analizar la influencia de las comunicaciones, la telemática y la transmisión de datos al servicio de la transmisión de información analógica digitalizada (noticias, música, videos, arte, educación) sino que se propone introducir en la reflexión política un proceso más vinculado al cambio esencial de la propia condición humana, que se está abriendo paso en el campo de los estudios sobre el futuro inmediato.

Este interrogante se relaciona con el crecimiento en un ritmo exponencial de la capacidad de almacenar y procesar la información, cuya velocidad es crecientemente acelerada definiendo una tendencia que, al proyectarse, desemboca en inquietantes posibilidades para quienes conformamos la humanidad en la segunda década del siglo XXI.

Quien ésto escribe es consciente de ingresar en un terreno minado y asume el riesgo. El peligro es el escapismo "hacia adelante" de los densos problemas del mundo de hoy, ante la inexistencia de un campo académico en el que confluya la prospectiva científica con la socio-económica y política.

Sin embargo, la convergencia de los tiempos aconsejaría observar el fenómeno, porque no sólo generará problemas bioéticos sino que abrirá un campo gigantesco que, definido hoy, nos coloca en el borde de un cambio de los conceptos de "inteligencia", "humanidad" y "personalidad", todos los cuales son componentes básicos de la política.

Se han esbozado algunos de los interrogantes que se dirigen a la bioética –como los ya planteados ante las posibilidades de la manipulación genética de la propia reproducción humana- pero no se limitan a ellos, o al menos no sólo a los referidos a conductas humanas.

También se discute el límite "aceptable" de los alimentos obtenidos con alteraciones genéticas, de las extensiones miméticas de los sentidos y aptitudes naturales del cuerpo, de las formas de relacionamiento a distancia, del furioso desarrollo de la nanorobótica y del peligroso –a estar por la opinión de prestigiosos científicos- desarrollo de la Inteligencia Artificial fuerte.

Este gran complejo tecnológico, social y productivo agrega con cada novedad nuevos capítulos a los saberes tradicionales en el campo de la economía, de la política y de la totalidad de la convivencia. Todos los interrogantes deslizados más arriba –sociales, sicológicos, económicos, sociológicos, políticos- se asientan, en última instancia, en consecuencias buscadas o encontradas del gigantesco salto del conocimiento producido en las últimas décadas.

La revolución científica en marcha

No es aventurado afirmar que las novedades están disparando procesos de cambio que incluyen las tendencias incrementales hacia la reducción de costos de producción, reducción de demanda de trabajo humano, liberación de tiempo personal, proliferación de bienes gratuitos y semi-gratuitos y redescubrimiento de los bienes públicos.[1]

Existe un renacimiento de los bienes públicos que fueron el espacio natural del comienzo de la aventura civilizatoria en tiempos de la humanidad primitiva. Este renacimiento se da como resultado de la calificación de la tecnología y la sofistificación de una sociedad global que no está compuesta por los pocos millones de originarios "cromagnones" sino que supera los siete mil millones de integrantes.

El desarrollo tecnológico permite volver a disfrutar libremente de bienes que la aventura humana había necesitado "expropiar" para iniciar sobre ellos el desarrollo económico, en simbiosis con la propiedad privada. Muchos de estos bienes apropiados por la necesidad de acumulación del capitalismo originario regresan hoy al espacio público.

Y ha renacido además la presión por su protección.

La toma de conciencia de la finitud del planeta alcanza a cada vez mayor cantidad de seres humanos, que deciden hacerse responsables y comenzar reclamos, trabajos públicos, iniciativas, organización y presiones para defenderlo.

La diversidad biológica, el agua potable, la pureza del aire, la extensión de los espacios considerados vitales para la salud de la biosfera como bosques, océanos, ríos, acuíferos subterráneos, glaciares, especies en peligro, minerales "raros" y recursos naturales no renovables, son objeto de inciativas particulares que buscan edificar a su alrededor cercos de protección.

Las personas son alcanzadas por esta revolución del conocimiento y participan, en forma espontánea o autoorganizada, arrimando al colorido del debate público matices olvidados por los contenciosos de la política "dura" de la modernidad.

Los cambios se dan en todos los campos tradicionalmente reglados por la política: en la economía, las finanzas, la distribución del trabajo residual, la distribución del ingreso social, la medicina, los entretenimientos, el uso del

---

[1] Jerem Rifkin, "THE ZERO MARGINAL COST SOCIETY – The Internet of Things, The Collaborative Commons, and The Eclipse of Capitalism", Palgrave-Mac Millan, Amazon, ebook, 2014

tiempo libre, el crecimiento explosivo de la "burbuja joven" en todos los países –desarrollados y en desarrollo, pobres y ricos- cada uno con sus características, la mundialización de las comunicaciones, el redescubrimiento del "emprendedor" y el asombroso despertar de iniciativas no gubernamentales y sin fines de lucro para trabajar por las causas más diversas.

Nos dirigimos hacia una sociedad de abundancia, tiempo libre, interconectada en tiempo real por redes globales inteligentes de muy alta velocidad, información abierta, entretenimientos libres y casi libres e impregnada de artefactos inteligentes y semi-inteligentes hasta en los espacios más personales.[2]

Las relaciones interpersonales asumen el golpe de estos cambios. La posibilidad de la reproducción humana con procedimientos tecnológicos de alta complejidad –como la reproducción humana asistida, la intervención en cigotos para evitar enfermedades genéticas, la difusión de técnicas de preservación de gametos hasta el momento en que sus ¿padres? decidan desatar su crecimiento con el implante uterino, la donación de óvulos, esperma y cigotos y otras técnicas similares, alejan el sexo de la reproducción, con todas sus implicancias en las relaciones personales. Se desatan conflictos éticos, religiosos y morales inimaginables hasta hace pocos años, con respuestas diferentes por parte de los tradicionales administradores –el Estado, las Iglesias, las propias comunidades- de la reproducción y la identidad humana. Ninguno de estos problemas existiría sin la revolución científica.

Marchamos también hacia una realidad en la que por primera vez en la historia de la especie los humanos habremos de poder enfrentar a la muerte con posibilidades de éxito. Los avances biotecnológicos en manipulación genética, desde la renovación y reemplazo de órganos, el dominio de las técnicas epigenéticas y del ADN bloqueante, y del control del efecto de la telomerasa[3] sobre los propios telómeros (clave final del envejecimiento y la muerte) nos enfrentan a esta posibilidad inimaginable hasta hace muy pocos años: lograr las tecnologías necesarias para alejar la muerte hasta el momento deseado[4].

---

[2] Idem

[3] http://ocw.unican.es/ciencias-de-la-salud/biogerontologia/materiales-de-clase-1/capitulo-5.-bases-celulares-del-envejecimiento/5.5-envejecimiento-de-las-celulas-somaticas-con/skinless_view

[4] http://www.medicalpress.es/cientificos-proban-con-exito-terapia-genica-contra-el-envejecimiento/

Pero también avanzamos hacia nuevos peligros, que las nuevas tecnologías y el nuevo escenario global presentarán como desafíos. La polución ambiental, los riesgos de la "inteligencia artificial" descontrolada o insuficientemente regulada, la potenciación de herramientas y armas al alcance destructor de grupos, estados o intemperancias, las nuevas incógnitas éticas y bioéticas, el funcionamiento de la nueva economía, presentarán espacios de reflexión novedosos, que en no pocos casos desatarán debates apasionados.

Si comenzamos con este "issue" es porque, a poco de reflexionar sobre sus connotaciones, advertimos su condición revolucionaria de la superestructura cultural no ya de los hombres y mujeres "occidentales" sino de todos.

La sola invocación de la sencilla construcción gramatical utilizada para ejemplificar el concepto de "silogismo" en los estudios iniciales de lógica formal ("Todos los hombres son mortales/Sócrates es hombre/Sócrates es mortal") es tal vez el más elemental recordatorio de la rotunda e inevitable temporalidad de la vida humana.

¿Qué diríamos si, al avanzar los estudios sobre el funcionamiento del ADN bloqueante, de los mecanismos de la telomerasa, de la realización de implantes biomiméticos con prestaciones más perfectas que las propias estructuras biológicas, sobre la ingeniería inversa cerebral, o sobre los diversos órganos y estructuras del cuerpo humano, la muerte pudiera ser decidida en forma voluntaria y dejar de ser inexorable?

El control de los genes, la reducción del tamaño de los artefactos tecnológicos al nivel de uno a cien micrones, la manipulación de ADN para controlar enfermedades y el envejecimiento y hasta para revertir el proceso hacia estadios de juventud, el reemplazo de órganos biológicos deteriorados por símiles artificiales de alta duración, implantes miméticos que habrán alcanzado el sistema nervioso llegando hasta el cerebro y el control definitivo de los procesos biológicos nos habrán convertido en una nueva especie, humana, sí, pero bio-tecnológica.

Veremos en los próximos párrafos que esta visión no es la de un cientificista utópico, sino que está respaldada por la marcha real del proceso científico-técnico y sostenida por la aceleración creciente del conocimiento agregado. Cuanto más se conoce, más rápido se avanza en los nuevos pasos. Como consecuencia, los procesos que hace un par de décadas se imaginaban en siglos, es posible ahora verlos en años. Y los que se imaginaban en años, hoy se cuentan en semanas o pocos meses.

Quedará planteada, sin embargo, una pregunta crucial: ¿cuántos podrán acceder a esas tecnologías, en caso de efectivamente lograrse? ¿Tendremos una economía democratizada que permita a las mayorías disfrutar de esos avances, o esa "inmortalidad" será reducida a pocos mega-millonarios en condiciones de costearla? En este caso ¿qué pasará con los demás?

La política, campo de la vida social que acompañó a la humanidad desde que comenzó a vivir en clanes, no escapará a este nuevo escenario. En realidad, no está escapando, porque el cambio ya la ha golpeado en aspectos que consideraba esenciales a su existencia en el mundo moderno: las agrupaciones unidas por sus "ideologías", los gobiernos sometidos a las normas legales, la fuerza disciplinada a los Estados.

Todo cambió, cambia, y cambiará. Debemos indagar hacia dónde, y las posibilidades de conducir ese cambio.

Capítulo 2. Una mirada al pasado

Propongo un simple ejercicio intelectual: ubicarnos intelectualmente a comienzos del siglo XVIII (centuria del 1700) y, cual una máquina del tiempo, imaginar que nos trasladamos tres siglos hacia atrás (iniciando el siglo XV, centuria del 1400).

Es indudable que el viajero del tiempo sentiría la diferencia en la idea sobre el mundo, cambios en la vida cotidiana y seguramente –si es medianamente informado- también en la geografía en la que vive. Se encontraría con reinos inexistentes tres siglos después, las ciudades le parecerían más reducidas, el comercio más lento y trabajoso, la producción más rudimentaria.

Tal vez el cambio más notable sería la inexistencia del nuevo mundo, el continente americano, que recién entraría en la geografía conocida a fines del siglo XV para los más informados, y en la primera mitad del siglo XVI (centuria del 1500) para el "gran público".

La moda sería diferente, pero comprensible. No se sentiría totalmente ajeno a esa sociedad, con la que sentiría compartir comidas, vestimenta, forma de viajar, similares medios de transmitir noticias, y –con mayor o menor aproximación- una similar idea del mundo y de lo trascendente. Habría carretas y caballos, catapultas y hasta cañones, más rudimentarios pero funcionando con el mismo principio que las armas de fuego. Habría Dios y demonio, creencias y sacerdotes.

San Eloy en el Taller de Orfebreria - 1350

Vida cotidiana en Barcelona - 1700

Imaginemos ahora que en lugar de viajar trescientos años hacia atrás, ese hipotético viajero del tiempo se trasladara tres siglos hacia adelante y se ubicara, de pronto, en el año 2000. Su impresión sería totalmente diferente.

Paris, siglo XIV

Vancouver, 2000

No sólo se encontraría con una concepción del mundo totalmente distinta. Se encontraría con continuidades y permanencias, pero serían diferentes infinidad de hechos de la vida cotidiana. Las ciudades le resultarían desconocidas y la realidad incomprensible: desde poder llegar al extremo opuesto del globo en poco más de doce horas, hasta encontrarse con imágenes transmitidas desde cualquier lugar hasta cualquier lugar por un aparato –componente, en realidad de un complejo sistema- por el que podría observar una batalla (¡tal vez aérea!) en tiempo real, una obra de teatro sin moverse de su casa, nuevas formas de arte, armas insospechadas, o conservar su comida en otro artefacto que –como por magia- "fabricando frío" preserva el alimento hogareño durante días, o semanas, sin descomponerse.

No es necesario seguir el inventario: el mundo en el que habría aterrizado sería irreconocible. Más aún: hubiera sido inimaginable en su tiempo de origen.

¿Podría realmente sostenerse que los tres siglos, en una y en otra dirección, significan lo mismo y "miden" tiempos equivalentes? ¿O es necesario contar con un nuevo concepto, una nueva "unidad de cuenta" diferente al mero transcurso del tiempo cronológico, que contemple la concentración de acontecimientos y la densidad de la evolución, como nuevo parámetro para interpretar la marcha de lo social -de lo civilizatorio, de lo "humano"-?

Hagamos ahora otro salto en el tiempo, e imaginemos que desde el siglo XV nuestro viajero se trasladara al siglo I.

Se encontraría en tiempos del auge del Imperio Romano, toda la vieja Europa poblada por "tribus" de celtas, íberos, galos, anglos y otra diversa multiplicidad de pueblos diferentes, "modernizada" en forma similar por las "legiones de Roma" y las ciudades incorporando a la civilización de la época anfiteatros, hipódromos, baños, acueductos, villas de descanso y las costumbres que la élite imperial llevó a todo el continente desatando un efecto-demostración que terminaría impregnando a las poblaciones locales.

Habríamos viajado catorce siglos hacia atrás, contando su nuevo salto, aunque diecisiete siglos hacia atrás, desde su tiempo originario. Sin embargo, la vida cotidiana tampoco sería muy diferente a la que vivía nuestro viajero en su original siglo XVIII.

Viajaría en vehículos tirados por caballos, araría la tierra con arados tirados por bueyes, si tuviere recursos sus carruajes no serían muy diferentes en ambas épocas, la ropa respondería a otra "moda" pero no sería tan distinta, se calentaría la comida por el mismo método de fuego y carbón y se alumbrarían los hogares en forma similar: quemando aceite. Le llamaría la atención la inexistencia de armas de fuego, pero el arte de la guerra –fuerza propia, alianzas, contendiente, planteo de las batallas- no tendría un enfoque muy diferente al de su tiempo de origen.

Imaginemos ahora que nuestro viajero en lugar de retroceder catorce siglos, los recorriera hacia adelante, y aterrizara en el año 2800, catorce siglos hacia adelante desde el siglo XV. ¿Nos atreveríamos, aún nosotros, humanos del siglo XXI, a imaginar ese mundo?

La pregunta no es banal.

Todos recordamos la película que en 1985 protagonizara Michel J. Fox: "Volver al futuro". Viajaba hacia los años 50, treinta años hacia atrás. Allí se encontraba con muchas cosas que habían cambiado desde el tiempo de sus padres. Algunas palabras del "slang", los precios de los productos más populares, detalles de la vestimenta según los cambios de la moda, las enciclopedias que vestían las bibliotecas hogareñas eran de otra "edición" anual pero conservaban su esencial identidad y los nombres de los líderes políticos más destacados causaban la curiosa y cómplice hilaridad de las plateas. Pero no mucho más: se viajaba en automóviles, movidos por petróleo, se iluminaba con electricidad a través de bombillas incandescentes y eventualmente por tubos de neón, se estudiaba con libros similares, hablar por teléfono "larga distancia" requería la intervención de operadoras y podía resultar trabajoso y lento pero era posible, se utilizaba el correo físico para las comunicaciones…. no era, sin embargo "otro mundo" o una realidad que hubiera resultado abismalmente distinta.

No es necesario hacer un ejercicio de imaginación esta vez para hacer el mismo supuesto…hacia adelante, por treinta años. En lugar de retroceder hacia 1950, ese viajero se trasladaría hacia 2010, tres décadas después.

Ahí observaría los cambios de muy diferente dimensión: Internet, celulares inteligentes, iluminación por sistemas LED, conocimiento universal "online" en tiempo real, de acceso gratuito y actualización permanente, las películas que deseare, de cualquier época, disponibles en su casa a un precio cercano a cero, toda la música del mundo de todos los tiempos a su alcance por su teléfono –o su computadora-, ensayos de automóviles que funcionan sin combustibles fósiles y son movidos por hidrógeno o electricidad, ropa fabricada con tejidos artificiales con propiedades especiales, conocimientos del universo que llegan a lo infinitamente pequeño (como la detección del "Bosón de Higgs") o a lo infinitamente grande (como los "agujeros negros") ya detectados por instrumental astronómico y avance hacia conceptos como la "materia oscura", la "energía oscura", la "Inteligencia artificial", el desarrollo de la "robótica", la "microelectrónica", la "nano-mecánica"…. Es decir: otro mundo. En tres décadas.

¿Cómo medir esos cambios?

Medir ese ritmo, esos cambios, esa diferente concepción del mundo, no es tema menor, porque no se comparan series homogéneas. Es necesario hacerlo, porque precisamos saber hacia dónde avanzamos y "en qué nos estamos metiendo". Pero es tan complejo, por la asincronía social de los cambios, por la heterogeneidad de los campos de conocimiento y tecnologías, por la diversidad de regiones y pueblos, que se hace enormemente complicado encontrar una "vara" que pueda utilizarse para cuantificar tal evolución.

Sin embargo, aún en su diversidad, los cambios agregan un componente que los hace generalizados: la creciente rapidez en su impregnación social. [5]

---

[5] Ray Kurzweil, "La Singularidad está cerca – Cuando los humanos trascendamos la biología" – Lola Books, Amazon, ebook, 2012.

El telégrafo requirió cincuenta años para generalizarse. La radio, treinta. La televisión, diez. La Internet, cinco, al igual que los celulares. Las redes sociales (Facebook, Twitter, Instagram) menos de un año.

La aceleración de la impregnación social de los avances tecnológicos también ha seguido un ritmo "logarítmico", agregando una dimensión cada período discreto de tiempo cronológico. Esos tiempos históricos acelerados se traducen en la misma aceleración de los tiempos sociales e inciden fuertemente en los tiempos –y características- de los procesos políticos.

¿Cómo ha sido la evolución de la base científica de todos estos procesos?

El ritmo ha sido exponencial en todos los campos, pero resultan más evidentes en el almacenamiento y procesamiento de la información, por ser más fáciles de "medirse" con datos objetivos, como la capacidad de almacenamiento por unidad de energía, o por superficie física de circuitos, o por cantidad de transistores incorporados en un chip, o por la cantidad de información por superficie de chip, o por el costo de la memoria artificial en su relación "precio-prestación". Parece una observación limitada y parcial, pero sin embargo tiene la característica de funcionar como "punta de lanza" del cambio en los diferentes sectores, por su impregnación a la totalidad de la realidad productiva y social.

Los números no dejan de ser impactantes, porque han respondido a la famosa "Ley de Moore": todas las diferentes relaciones mencionadas se duplican entre cada doce y veinticuatro meses, en un proceso acumulativo significativamente notable.[6]

También ocurrió en la biología. Cuando se encaró la tarea de descifrar e interpretar el genoma humano -1988, creación de la "Human Genome Organization (HUGO)-, se fijó arbitrariamente la meta en un plazo de quince años. A los diez años de trabajo, se había avanzado a menos del 1 %, al punto de provocar en los escépticos el convencimiento de que recién en un siglo se llegaría al objetivo buscado.

A los trece años –2001, dos antes que lo previsto-, el presidente Clinton informaba la obtención del resultado final: se había descifrado el código de la vida.[7] La aceleración en la acumulación del conocimiento, resultado de la

[6] http://es.wikipedia.org/wiki/Ley_de_Moore

misma ley de crecimiento exponencial en la capacidad de procesar información, había seguido el mismo patrón de crecimiento acelerado que otros desafíos.

El gran interrogante es si este proceso de aceleración continuará indefinidamente –y hasta dónde– o si tendrá un punto de detención.

En el campo de la información, algunos se animan a pronosticar un límite, que llegaría cuando la reducción del tamaño de los microtransistores de los "chips" o circuitos integrados alcance la dimensión atómica –ya que, en teoría, los átomos no podrían ser manipulados–.

Sin embargo, ya se experimenta con mecanismos de reemplazo a los chips de silicio: la utilización de cadenas de ADN, con el carbono –en lugar del silicio– para el desarrollo de chips en tres dimensiones en lugar de dos, como ha sido en la etapa que está llegando a su límite tecnológico, con software de base cuántica y hasta con la manipulación de los propios átomos. La Ley de Moore probablemente extienda su vigencia, y siga duplicando la capacidad tecnológica al mismo ritmo con que lo ha hecho hasta ahora.[8]

Un ejemplo puede dar una idea de la magnitud del avance: El Computador de Navegación de la misión del Apolo 11 que llegó a la luna en 1969 tenía 2kb de memoria, 12Kb de almacenamiento y velocidad de procesamiento de 1.024 KHz. Lo que era fabuloso para la época, es sin embargo inferior a las prestaciones de un simple teléfono celular de rango medio de los que existen en el mercado en 2015: un celular inteligente "standard" tiene una memoria de 500.000 K (500 Mgb), un almacenamiento de 8.000.000 Kb (8 Ggb) y una velocidad de procesamiento de 1.000.000 de KHz (1 GHz) – mil veces más–.[9]

[7] http://es.m.wikipedia.org/wiki/Genoma

[8] http://zonaforo.meristation.com/topic/2231634/
http://www.lanacion.com.ar/1709076-microsoft-apuesta-a-que-la-computacion-cuantica-sea-el-proximo-gran-salto

[9] https://www.fayerwayer.com/2012/08/los-computadores-del-apolo-11-que-llevaron-a-neil-armstrong-a-la-luna/

Computadora Thiane-2 – Supera la capacidad de cálculo del cerebro humano

En el tercer lustro del siglo XXI, la capacidad de procesamiento de información en la máquina más avanzada –la china Tianhe-2-[10] ha superado la capacidad de procesamiento del cerebro humano –aunque con un volumen de casi mil metros cuadrados y un consumo energético de 24 Mgw, mientras el cerebro ocupa menos de dos litros de volumen y 20 vatios de energía-.

Obviamente, la gran diferencia radica en la velocidad de trabajo. Mientras los circuitos computacionales funcionan a la velocidad de la luz o cercana (300.000 kms/s) las conexiones neurológicas químico-biológicas incluyendo las humanas funcionan a la velocidad que, comparadas, recuerda a la de las carretas: menos de 200 metros por segundo.

Justo es decir en este punto que el cerebro "compensa" su lentitud biológica con un formidable trabajo "en paralelo" que termina acelerando el resultado final - millones de células nerviosas trabajando a la vez en un mismo o en diversos temas-, mientras las computadoras -aún- realizan sus cálculos en forma lineal y siempre en un solo tema por vez. Sin embargo, ya se experimenta exitosamente con circuitos computacionales de funcionamiento en paralelo, emulando al cerebro, sin perder la velocidad que les son inherentes[11]. La propia Thiane 2

---

[10] https://www.fayerwayer.com/2013/06/china-tiene-la-supercomputadora-mas-rapida-del-mundo/

[11] http://es.wikipedia.org/wiki/Computaci%C3%B3n_paralela

El futuro nos arrastra

cuenta con un procesador de 12 cores de 2,2 Ghz y un coprocesador de 57 cores a 1,1 Ghz.[12]

Al terminar el siglo, proyectando la tendencia que se ha demostrado como constante, esa capacidad será ya de trillones de trillones de veces la capacidad del cerebro humano. Eso no significa necesariamente que habrá reemplazado a la inteligencia biológica, pero sí significa que la inteligencia artificial será una presencia en la vida cotidiana imposible de obviar, porque formará parte de productos y procesos en los que las personas estarán inmersas y, en muchos casos, íntimamente imbricadas.

El concepto del proceso exponencialmente acelerado no es, como podría parecer, una propiedad exclusiva de la informática. Diferentes autores que estudian el tema detectan una progresión logarítmica que hunde sus raíces en lo profundo de la historia no sólo humana, sino de la totalidad de la realidad. El concepto linda con la filosofía, por lo que en este corto trabajo pondrá el foco en la evolución humana, que es más fácilmente medible.

La característica de este proceso es la duplicación acumulativa de la velocidad de "complejización" de la inteligencia en períodos temporales discretos, en un ritmo que puede variar, pero que se mantiene y proyecta en el largo plazo, acompañada de la reducción del tiempo en que se logra cada duplicación.

En otras palabras: los cambios son progresivamente mayores y más rápidos y su escala es exponencial, logarítmica. Algunos autores han buscado elaborar una unidad de medida que sirva para proyectar el ritmo de variación sorteando la tendencia –humana- a transpolar linealmente el ritmo en que cada analista lo vive, para reemplazarlo por una nueva forma de medir la evolución que podríamos denominar una "Unidad de Densidad de Cambios" o "UDC".

El *contenido de información* que contiene esta unidad debe tener una dimensión igual, variando el tiempo en el que se duplica. Debe partir de una dimensión discrecional, que puede establecerse arbitrariamente, por ejemplo como el tiempo en que cambia un determinado paradigma de funcionamiento social, vale decir el tiempo en que cambia el entorno vital de una persona, la provisión energética y tecnológica y el equipamiento requerido para cumplir

[12] http://www.ehu.eus/ehusfera/hpc/2014/12/18/tianhe-2-todavia-el-ordenador-mas-potente-del-mundo/

con las necesidades de alimentación, servicio de salud, educación, energía, movilidad, transporte y vivienda.

Es sin dudas complejo determinar o medir esa cantidad de información. Sin embargo, existe un sector que es "medible" y no sólo en los tiempos actuales sino desde el fondo de la existencia y es la cantidad de información y su marcha hacia el orden y la complejidad. Una ventaja adicional es que puede proyectarse hacia atrás, hacia la propia formación del universo, y verificarse con las herramientas de observación de realidades pasadas –geológicas, y luego vitales-

Los hitos entre los cuales medir este ritmo, aplicados a una línea de tendencia de acuerdo a su complejidad, muestra una línea clara, de crecimiento exponencial y extraña regularidad logarítmica.

Esta regularidad se expresa cualquiera sea el criterio con que se fijen esos hitos de referencia, en una coincidencia que se extiende a diversos investigadores y publicaciones especializadas. Un gráfico muy interesante que Ray Kurzweil incorpora en su libro "La Singularidad está cerca" marca esta tendencia en forma impactante[13].

[13] Ray Kurzweil, "La Singulardad está cerca", op. cit.

El futuro nos arrastra

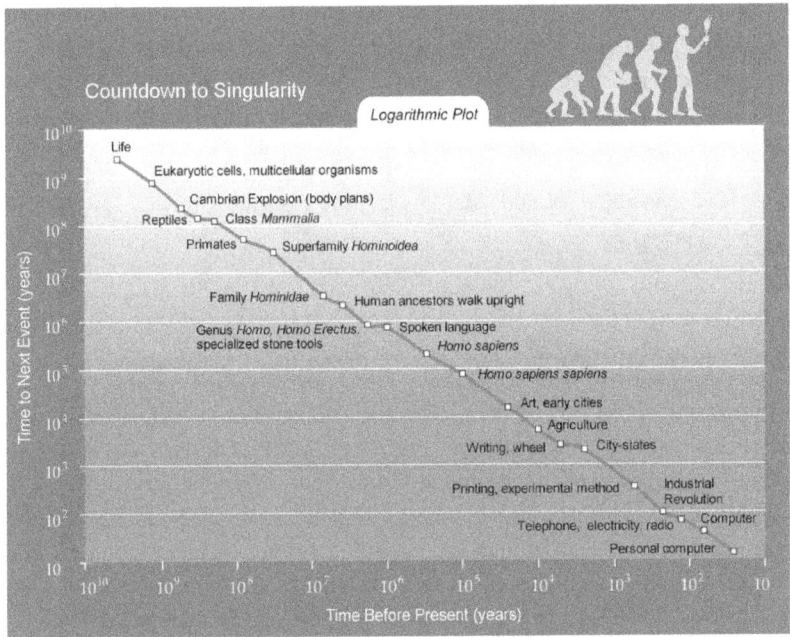

Vemos en el gráfico que, partiendo de la actualidad –ángulo inferior derecho-, cada progresión que agregue un cero en la cantidad de años hacia atrás indica una reducción de la complejidad de la información en el curso de la historia, que se extiende con un ritmo similar prácticamente hasta el origen de la vida en la tierra.

Hace medio siglo (1964) surgió la Computadora Personal (PC). Hace un poco menos de siglo y medio (1870) fue la fecha de nacimiento del teléfono, la electricidad y la radio. Trescientos años hasta el presente desde la Revolución Industrial. Seiscientos años desde el surgimiento del método experimental y la imprenta.

Mil Doscientos años desde el comienzo de la expansión de Roma. Dos mil quinientos años desde la invención de la rueda. Cinco mil años desde las ciudades-estado. Diez mil años desde la agricultura. Veinte mil años desde las expresiones de arte rupestre (Lascaux y luego Altamira). Y así hasta el surgimiento de la vida sobre la tierra, hace poco más de 3.500 millones de años.

Esta línea es coincidente con otra: la que extiende la proyección hacia el propio surgimiento del universo. El ritmo es asombrosamente sincrónico, a través de los "hitos canónicos" en los que existe acuerdo entre científicos sobre su valor como indicadores de agregación de complejidad, primero de la materia inanimada y luego de la evolución de la vida en el planeta.

Otro gráfico, también extraído del citado libro de Ray Kurzweil, muestra el mismo fenómeno desde otro enfoque.

La línea se inicia con el surgimiento de la Vía Láctea, aproximadamente diez mil millones de años atrás y se extiende a través del tiempo en una progresión logarítmica de verificable regularidad a largo plazo hasta la actualidad.

El surgimiento de la vida en la tierra –hace 3500 millones de años- es seguido por la aparición de los primeros eucariotes –1500 millones de años-, la explosión cámbrica -600 millones de años-, los primeros mamíferos -200 millones de años-, los primeros homínidos -7 millones de años-, emergencia del "homo sapiens" –menos de un cuarto de millón de años-, tecnología de inicio y domesticación del fuego y emergencia del hombre moderno –menos de 100.000 años-, formación de las "ciudades-Estado" -10.000 años-, invento del "cero" y aparición de los decimales en las matemáticas –mil años-, surgimiento de la física moderna –poco más de cien años, segunda mitad del siglo XIX-, aparición de los transistores –cincuenta años, mediados del siglo XX- ...y lo demás es conocido. Los números no tienen precisión matemática, pero sí reflejan una tendencia inexorable y regular, a largo plazo, hacia la aceleración en la complejidad, el orden y la capacidad de información.

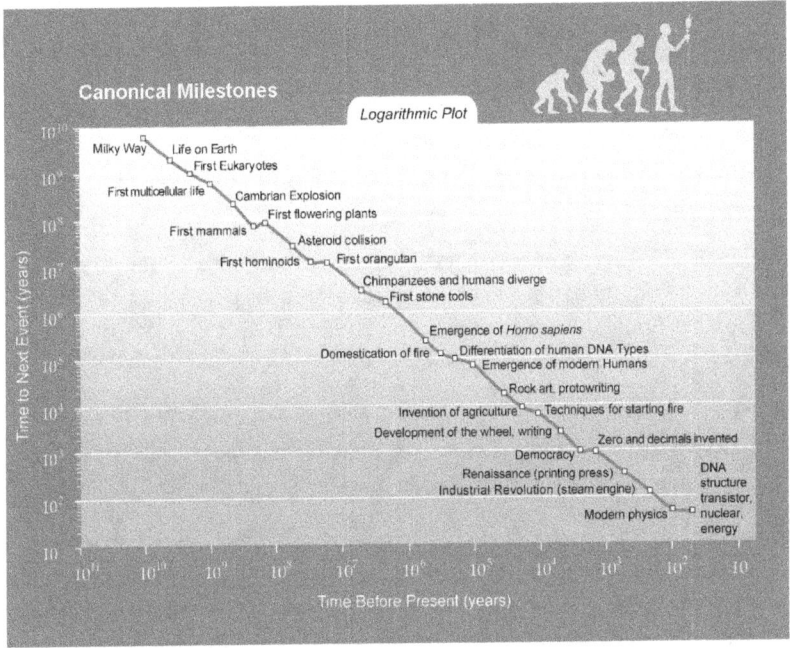

Esta convencional "UDC" ha adquirido en las últimas décadas, y especialmente los últimos años, una velocidad alucinante y es cada vez más breve. Convencionalmente es utilizada en este trabajo para definir la cantidad de información acumulada por la humanidad durante las dos últimas décadas del siglo XX, equivalente a la acumulada durante toda la historia humana antes del comienzo del siglo XX, y equivalente a la acumulada en los primeros tres lustros del siglo XXI.

Como ejemplo podríamos mostrar el siglo XX. Al comienzo del siglo XX, el período necesario para un cambio de paradigma de la vida cotidiana podía estimarse en tres siglos. Esto significa que una persona que viviera en el año 1900 debería retroceder hasta el 1600 –antes de la explosión de la "revolución industrial"- para sentirse viviendo en una sociedad tecnológica y socialmente alejada de la propia por un abismo en su comprensión.

Pues bien: al terminar el siglo XX, ese período se habría reducido a veinte años. Una persona viviendo en el 2000, debería retroceder hasta el 1980 para encontrarse con una realidad en la que habrían desaparecido elementos que caracterizan su vida cotidiana: internet, teléfonos celulares, peligro de calentamiento global, cambio climático, diferentes escenarios geopolíticos globales, nuevos países, diferente agenda global, etc.

En otras palabras: la humanidad avanzó un siglo en veinte años. Y luego, otro siglo (de comienzos del siglo XX) o dos décadas (de fines del siglo XX) en catorce años.

La aceleración es creciente y estamos inmersos en ese proceso, que no es ajeno a todos los grupos humanos que viven sobre la tierra: es global, pasa por encima de la voluntad individual de las personas y de las decisiones de colectivos como empresas, partidos, gremios o gobiernos.

Es adelantar las conclusiones pero vale afirmarlo ya en este punto: la Argentina y los argentinos no somos ajenos esta marcha, que nos exige mirar hacia adelante para responder a la agenda de lo que viene.

Pocas veces en la historia el congelamiento de la mirada en el presente o – mucho peor- detenernos en las agendas históricas significan una pérdida tan grande de posibilidades de sumarnos en forma proactiva, inteligente y creativa al diseño del mundo en el que la humanidad –y nosotros en ella- está ingresando.

Capítulo 3. Hoy y mañana

Entrado en el siglo XXI, la rapidez del cambio se siguió entonces acelerando. El cálculo de esta convencional "UDC" al comenzar el tercer lustro del siglo XXI (2015) estimado en *catorce años*, acelera a un ritmo de cambio creciente. 2014 frente al 2000 muestra el surgimiento, la difusión y la consolidación de protocolos de transmisión de datos que han hecho amigable la red y permiten la transferencia de información en tiempo real para las personas comunes a cualquier lugar del globo.

Los celulares han dejado de funcionar prioritariamente como "teléfonos" para ser "computadoras portátiles", acompañando una batería de artefactos –PCs, Notebooks, Netbooks, Tabletas, etc-. El ritmo ya está duplicado y se ingresa en el cuarto lustro del siglo XXI con la "UDC" midiendo *siete años*.

Durante el siglo XX, la humanidad avanzó lo mismo que en los cien mil años previos. En los veinte últimos años del siglo XX –de 1980 al 2000- se avanzó lo mismo que en los ochenta años anteriores. En los catorce años siguientes la humanidad avanzó lo mismo que en todo el siglo XX, o que en los cien mil años anteriores. En siete años avanzará lo mismo que en todo el siglo XX, o que en los catorce años previos, que en toda la centuria o que en los cien mil años anteriores al siglo XX.

Al terminar el siglo, el ritmo de avance será tal que la "UDC", la duplicación de información total, podrá medirse en horas. El progreso durante el siglo XXI, al terminar la centuria y proyectando una tendencia que –lo vimos- ha atravesado todos los paradigmas geológicos, biológicos e intelictivos será equivalente a doscientos siglos de progreso –o sea, veinte mil años en el ritmo de progreso del año 2000-.

Las comunicaciones audiovisuales son ya una "comodity" al alcance de la mayoría de la población. Las redes sociales han generado un espacio de pertenencia e interacción con una plétora de repercusiones –sociales, económicas, políticas, morales- que nos harían inimaginable su ausencia. Los desarrollos informáticos impregnan cada campo de la vida económica, social, administrativa y política. Cabe simplemente poner foco en el tiempo del día que cada persona está relacionada con su fuente de comunicación e información para caer en la cuenta de la formidable capacidad de absorción de esta tecnología y su adaptación a la marcha de la sociedad. La recopilación y procesamiento de información masiva (o "big data") es un fenómeno avasallante, que provoca cambios copernicanos en la economía, la sociedad y la política. La inteligencia artificial, en simbiosis con el notable desarrollo de la robótica, trae nuevos interrogantes y presenta desafíos impensados hace sólo un lustro.

Existen sistemas que hubieran parecido magia hace una década. Las exitosas experiencias en traducción automática de lenguas escritas ha desembocado ya en la traducción en tiempo real de expresiones y lenguas orales[14]; la hiperconexión permite vincular a Internet artefactos –como el Google Glass[15]- que pueden transmitir y recibir realidades ajenas, ficcionales o reales, haciendo borrosos los límites entre realidad física y virtual. Las empresas tecnológicas anuncian –y ponen en el mercado- automóviles experimentales que funcionan sin chofer[16], y se anuncian ya los estudios de rutas exclusivas para estas clases de vehículos, en las que no podrán ingresar vehículos con conductores humanos.

La quinta generación de Internet se anuncia para el 2020. El protocolo "5G", con una velocidad experimental 65.000 más veloz que la 4G –que, a su vez, aún no ha terminado su despliegue en los países de mediano desarrollo- permitirá el funcionamiento en tiempo real, con mayor rapidez que una computadora personal, a la transmisión de datos[17].

---

[14] http://es.m.wikipedia.org/wiki/Traducci%C3%B3n_autom%C3%A1tica#Actualidad

[15] http://es.wikipedia.org/wiki/Google_Glass

[16] http://www.infobae.com/2013/09/12/1508494-los-ultimos-pasos-el-auto-conductor

[17] http://www.emol.com/noticias/tecnologia/2015/02/27/705657/nuevas-pruebas-de-internet-5g-logran-velocidades-65-mil-veces-mas-altas-que-4g.html

El futuro nos arrastra

Tractores sin conductores.
(Fotografía "La Nación")

Los automóviles, aún los de más bajo precio, incluyen decenas de circuitos de automatización en los controles de sus diversos sistemas. En el mercado existen ya tractores que funcionan sin conductor, adecuados para las tareas agrícolas[18], y en revistas especializadas de análisis estratégico global ya se incluyen a las explotaciones rurales robotizadas ("robot farm") y a la agricultura de precisión, altamente informatizada, como nuevos protagonistas en el mercado mundial de alimentos[19]. Ahorran energía, agua y trabajo humano. Sus productos agregan nutrientes y son vehículos de complementos dietarios especiales.

El desarrollo tecnológico de realidad virtual[20] para los juegos se abre a aplicaciones de reproducción de información y sensaciones de mundos –reales o creados-, viajes –reales o ficcionales- sentados en el la comodidad de la poltrona de su hogar con las mismas sensaciones y experiencias de la vida real[21] ; el sexo virtual avanza crecientemente de la mano de la misma tecnología y los límites entre lo "real" y lo creado artificialmente se disfuma para muchas de las experiencias vitales, efectivas o resultado de la ficción.

---

[18] http://www.lanacion.com.ar/1633735-el-campo-del-futuro-se-cultiva-con-tractor-pero-sin-conductor

[19] https://www.foreignaffairs.com/articles/united-states/2015-04-20/precision-agriculture-revolution?cid=nlc-foreign_affairs_today-050515&sp_mid=48599141&sp_rid=cmljYXJkby5sYWWZmZXJyYWVyZUBnbWFpbC5jb20S1

[20] http://es.wikipedia.org/wiki/Realidad_virtual

[21] http://www.lanacion.com.ar/1795172-un-obstaculo-incomodo-para-la-realidad-virtual

La repercusión sobre la identidad, sobre las conductas personales, sobre las normas de comportamiento en la nueva realidad, sobre la ética generalmente aceptada, sobre el funcionamiento de la política y la economía, y muchos otros campos, son muy grandes, pero no son estables ni han cristalizado. Evolucionan. Cada vez más rápido.

La aceleración de este proceso, proyectada, nos muestra que al finalizar el siglo XXI la velocidad de duplicación de conocimientos, incorporación tecnológica y cambio de paradigmas, comparado con la primera década del siglo se habrá multiplicado *por veinte mil*[22]

El cambio acelerado, a este punto, debe ser sumado a otra realidad que asoma en los umbrales del siglo XXI, inexistente en tiempos históricos, pero cada vez más presente en el nuevo paradigma: el cambio sobre la idea de la propia condición humana.

El avance científico en la medicina, la biología, la nano-medicina, la robótica aplicada, la mimesis y la genética están abriendo el camino a un paradigma en el que la condición humana deja paulatinamente de tener la limitación de las capacidades del cuerpo.

En realidad, la ampliación de la capacidad de memoria y de procesamiento de información ha sido una flecha directriz de la complejidad. El alfabeto, la escritura, la imprenta, las computadoras, han marcado una línea de complejidad exponencial que expandió la capacidad de la inteligencia con cambios y ayudas –internas y externas- que hoy alcanzan una explosión cuyos límites resulta difícil imaginar.

El cuerpo, o sea el "soporte físico" de esa capacidad de información, ha permanecido prácticamente invariable desde la aparición de la especie en su configuración actual, hace aproximadamente 150.000 años.

Pues bien: la novedad es que la ciencia y la tecnología –en las que confluyen la informática, la bioquímica, la genética, las neurociencias, la nano-mecánica, la robótica- han "empoderado" y están mejorando artificialmente cada vez más partes del cuerpo humano.

---

[22] Ray Kurzweil, "La Singularidad está cerca", op. cit.

El futuro nos arrastra

Órganos externos e internos –extremidades, corazón, arterias, e incluso experiencias con órganos complejos en animales de laboratorio-[23]; implantes miméticos en brazos y piernas[24]; implantes artificiales en oído[25] y vista[26]; desarrollo de implantes cerebrales en áreas parciales del cerebro dañadas[27]; desarrollo de células mecánicas pasibles de ser introducidas en el torrente sanguíneo con finalidades médicas –u otras- y conducidas hacia determinadas partes del organismo[28]; no son ya ciencia ficción: aceleradamente ingresan en el campo no sólo de lo imaginable, sino de lo experimental y anuncian la llegada de una etapa, entre uno y dos lustros (la tercer década del siglo, 2020/2030) de aplicación generalizada.

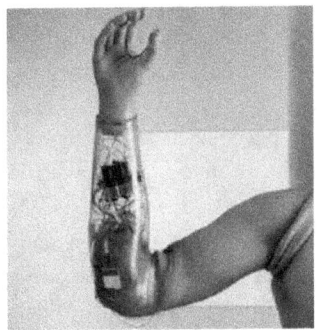

Prótesis electrónica de antebrazo   Prótesis electrorobótica de mano

Ya son posibles no sólo análisis de ADN sino medicina genética específica, y la ingeniería genética permitirá en muy pocos años neutralizar o incorporar genes a voluntad[29]. Para medicina[30], o para diseño.

---

[23] http://es.wikipedia.org/wiki/%C3%93rgano_artificial

[24] http://www.elmundo.es/elmundo/2007/07/11/solidaridad/1184175545.html

[25] http://implantecoclear.org/index.php?option=com_content&view=article&id=76:ique-es-un-implante-coclear&catid=62:que-es&Itemid=82

[26] http://espanol.umich.edu/noticias/comunicados-de-prensa/2014/01/29/primeros-implantes-de-protesis-de-retina-en-estados-unidos-desde-la-aprobacion-de-la-fda/

[27] http://axxon.com.ar/noticias/2013/11/un-implante-para-replicar-las-senales-del-cerebro-en-tiempo-real/

[28] https://ciencia10e9.wordpress.com/

[29] http://www.muyinteresante.es/ciencia/articulo/manipulan-adn-de-un-embrion-para-curarlo-201430126322?utm_source=Cheetah&utm_medium=email_MUY&utm_campaign=150501_Newsletter

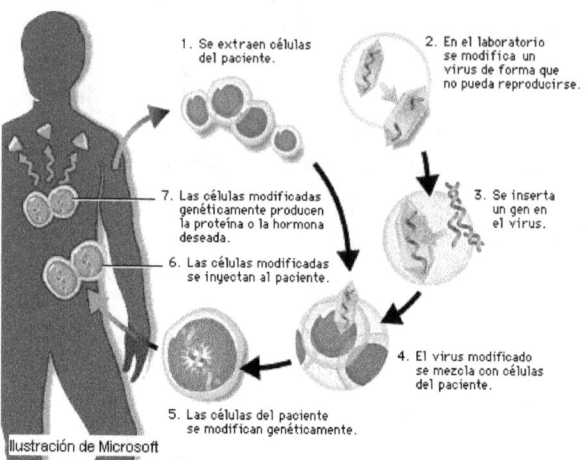

1. Se extraen células del paciente.

2. En el laboratorio se modifica un virus de forma que no pueda reproducirse.

7. Las células modificadas genéticamente producen la proteína o la hormona deseada.

6. Las células modificadas se inyectan al paciente.

3. Se inserta un gen en el virus.

4. El virus modificado se mezcla con células del paciente.

5. Las células del paciente se modifican genéticamente.

Ilustración de Microsoft

Ya se hace en agricultura[31] y en ganadería[32]. Ya se puede hacer en humanos y nada indica que ello se detendrá[33]. Por el contrario, lo único que demora la masificación de esa aplicación es la inseguridad sobre el control total de los procesos, cuyo control embargo avanza aceleradamente. El nuevo "ser humano" alejará su identidad de su "cuerpo", para reemplazarla por... no se sabe qué[34]. No en el año 2100 o 2200, sino en el 2020, o 2025. Tanto tiempo como –hacia atrás- cuando no existía Facebook, ni Twitter, o en el tiempo político en que presidía EEUU George W. Bush, y la Argentina Néstor Kirchner –menciones realizadas sin ninguna connotación política, sino para dar una idea cabal de la cercanía temporal de los cambios que se avecinan-. Se producen y se producirán en tiempo real, en el transcurso de pocos años –y de una gestión de gobierno-. Su consecuencia será que la agenda al inicio de una gestión probablemente sea obsoleta al terminar la misma, haya o no cumplido sus propuestas.

---

[30] http://www.docsalud.com/articulo/6528/descubren-engranaje-gen%C3%A9tico-para-generar-p%C3%A1ncreas-humano

[31] http://porquebiotecnologia.com.ar/index.php?action=cuaderno&opt=5&tipo=1&note=56

[32] http://hipertextual.com/2013/08/curiosidades-animales-clonados

[33] http://www.xataka.com/otros/cientificos-chinos-modifican-geneticamente-los-embriones-humanos-vuelve-el-debate-etico

[34] http://www.lavoz.com.ar/ciudadanos/prueban-protesis-organos-artificiales-humanos

La revolución genética

El descubrimiento de la "doble hélice" a comienzos de la década de 1950 inició un campo de investigación que se extendería y profundizaría en las décadas siguientes, con experiencias en células vegetales y animales, hasta su punto comunicacionalmente más conmocionante: el desciframiento del código genético humano.

Éste fue anunciado por el presidente de Estados Unidos, William "Bill" Clinton en 2001.

Vale la pena detenerse un instante en este proceso.

El Consorcio Público Internacional fue formado en 1988 por laboratorios de seis países –Estados Unidos, Gran Bretaña, Alemania, Francia, Japón y China– que juntaron esfuerzos para el ejecutar el "Proyecto Genoma Humano" (HUGO, "Human Genome Organization") con un plan a desarrollar en quince años y el objetivo de desentrañar el "plano de construcción" de los seres humanos. Constituido por científicos de varios países pero con apoyo fundamental de los gobiernos de Estados Unidos y Gran Bretaña, los avances fueron lentos y a poco menos de una década de su inicio no lograban generar líneas claras de avance que fueran entusiasmante para científicos y financiadores.

Sin embargo, los trabajos de aceleraron rápidamente y en el año 2000, Clinton y Blair anunciaron el éxito definitivo. Aunque faltaban unos pocos eslabones de la "cadena", virtualmente el trabajo había sido logrado.

El funcionamiento del ADN se produce a través de un proceso químico que copia la "información" conservada en el núcleo de las células por un procedimiento increíblemente simple.

El "espiral" de ADN está conformado por una estructura retorcida de fosfato y azúcar, que sostiene varios millones de "travesaños" o escalones, cada uno de los cuales se codifica con una letra de un alfabeto formado por cuatro letras. Cada escalón codifica dos bits de datos en un código digital unidimensional.

Las cuatro letras son pares de bases: adenina-timina, timina-adenina, citosina-guanina y guanina-citosina.

Un grupo de enzimas especiales copian la información en cada travesaño rompiendo cada par de bases, que se vuelven a ensamblar con dos moléculas de ADN idénticas producidas cuando las bases rotas vuelven a ensamblarse.

Otros elementos químicos utilizan este "programa" para construir proteínas, que son las células básicas de los tejidos, los que tienen su especificidad en cuanto a estructura y fisiología.

Cada trozo de la cadena de ADN contiene la "instrucción" para partes determinadas del nuevo organismo y, en su totalidad, para un nuevo individuo – vegetal o animal, ya que el "código" o abecedario de ADN es universal y común a todos los seres vivos-.

Este mecanismo es el utilizado ya hoy, por ejemplo, para "fabricar" partes específicas de animales sin necesidad de desatar la formación de un nuevo organismo completo. Una de sus aplicaciones es la fabricación de órganos y –en experiencias que luego mencionaremos- hasta producción alimenticia: carne artificial, sin nervios ni órganos, está siendo ya experimentada para producción de partes animales usadas para el consumo humano, para medicina y hasta pieles.

La investigación genética se abre en abanico hacia campos de los más diversos. Clonación de plantas y animales, fabricación de partes específicas, operación sobre el ADN de cigotos para variar parcialmente el mandato genético a fin corregir errores que produzcan enfermedades, alterar características físicas del futuro ser, y prolongar la vida.

No es el momento de pasar revista a la totalidad de las aplicaciones tecnológica de la manipulación genética. Por su impacto vale la pena destacar el trabajo en dos campos que tendrán un efecto directo en la longevidad de la vida humana: el ADN bloqueante y el control de funcionamiento de la telomerasa.

El ADN bloqueante actúa neutralizando y desactivando las partes del mandato genético que tienen fallas en su diseño. Con esta técnica se persigue el control de las enfermedades que se originan en el deterioro del ADN produciendo tejidos con malformaciones o enfermedades, algunas de las cuales son crónicas y otras pueden producir la muerte del individuo. El Alzheimer, la Diabetes y algunos tipos de cáncer se encuentran entre ellos.

La telomerasa y el envejecimiento

El control del funcionamiento de la telomerasa sigue otro objetivo. Una de las causas principales del envejecimiento –algunos dicen que la causa definitiva- es el desgaste de los telómeros, que son los extremos de las moléculas de ADN, los que se desgastan y se "acortan" en cada reproducción celular. Ello produce como resultado que en cada duplicación de las células, el nuevo ejemplar conlleva imperfecciones derivadas del desgaste de los telómeros de las células reemplazadas. Y eso es envejecer.

Se ha detectado que las células cancerosas no presentan desgaste de los telómeros, y como consecuencia el tejido canceroso es inmortal y esa es la causa, contradictoriamente, de la muerte del organismo que lo porta.

Los telómeros tienen entre sus componentes fundamentales una enzima, la telomerasa, también conocida como "hormona del crecimiento". Su funcionamiento está siendo desentrañado con investigaciones que buscan detectar con precisión la forma de actuar. Los científicos que estudian el tema sostienen que una vez logrado este conocimiento y logrado el control del proceso, podrá efectuarse la reparación de los telómeros para prolongar la vida tanto tiempo como se desee e incluso, corrigiendo sus imperfecciones y defectos, revertir los tejidos a estadios de juventud .

Experiencias realizadas en animales –específicamente en ratones- han logrado una exitosa extensión de la vida en un cuarenta por ciento. Si resultados similares fueran transferibles a la vida humana, implicaría lograr extenderla hasta casi un siglo y medio, en condiciones similares a la juventud.

En la investigación volcada en su libro "Exploradores del Futuro"[35] Juan Scaliter vuelca su entrevista con el científico Bill Andrews, pionero en el descubrimiento de la acción de la telomerasa. "En total más de cien enfermedades están, directa o indirectamente, relacionadas con la longitud de los telómeros: dolencias cardiovasculares, cáncer, degeneración macular, osteoporosis, artritis, etc.". Andrews, sin embargo, no busca aumentar la

---

[35] Scaliter, Juan, "Exploradores del Futuro", Ed. Debate, Ramdom-House Mondadori, Bs. As. 2014, p. 148

extensión de la vida sino fundamentalmente la calidad. "Quiero llegar a los ciento cuarenta años y sentirme de veinticuatro. De hecho, espero correr las cien millas cuando tenga cien años. Y que mi padre, que en ese momento tendrá ciento veinticinco, sea mi acompañante".

El optimismo de Andrews coincide con la afirmación del experto en nanotecnología Robert Freitas Jr.[36]: "Si se eliminara el 50 por ciento de los trastornos médicos actualmente previsibles, nuestra expectativa de vida sería de más de 150 años. Si lográramos prevenir el 90 por ciento, 500 años, y alcanzado el 99 por ciento pasaríamos a los mil años".

Este optimismo no refleja una realidad inminente, pero tampoco una quimera. Nanocélulas sanguíneas ("respirocitos", ya concebidos como proyecto) serían capaces de llevar 236 veces más oxígeno a los tejidos por unidad de volumen que las células normales. Leucocitos artificiales, desarrollados mediante técnicas nanotecnológicas y bio-nanotecnológicas, serían sustancialmente más efectivos a la hora de combatir enfermedades que los "glóbulos blancos" y anticuerpos fabricados por el sistema inmunológico natural humano. Ambos conceptos ya se están desarrollando en proyectos de investigación.

Esta rápida incursión en el campo de la genética, la nanotecnología y la bio-nano tecnología introducen en escena una reflexión sobre el ritmo de la evolución y el ritmo del desarrollo científico.

El cuerpo humano en su "versión 1.0" –diría Ray Kurzweil- llegó a su estadio actual luego de varios millones de años de evolución luego de tomar el camino diferente al de otros homínidos. El cuerpo que hoy tenemos es prácticamente idéntico al que tenía un ser humano hace ciento cincuenta mil años. La evolución busca a tientas y llegó hasta acá.

El desarrollo tecnológico no busca a tientas sino planifica sus pasos, define objetivos, imagina las mejores herramientas. Lo que está ocurriendo con el cuerpo humano es lo que ocurre con las demás áreas de la vida: el conocimiento humano, a través de la tecnología, está acelerando la evolución, cambiando su ritmo y definiendo su rumbo. No lo hace a tientas, sino definiendo objetivos, ensayando caminos, experimentando y corrigiendo sobre metas determinadas.

---

[36] Scaliter, Juan, op. cit., p. 144

Una nueva revolución científica y técnica

Estas aplicaciones se han ido desarrollando como resultado de un gigantesco campo de investigación, desarrollo e incorporación tecnológica, por lo que no se trata sólo de excepcionales aplicaciones de descubrimientos de un científico solitario. La revolución tecnológica, en el ámbito de las comunicaciones, la informática, la medicina, la producción alimentaria, los campos de ciencia básica –nanotecnología, materiales, información, robótica, inteligencia artificial, diferentes campos de la física que los soportan: atómica, nuclear, cuántica, de partículas, molecular, de plasma, y en general la física de la materia-, han realizado sus aportes a la aceleración en la incorporación de conocimiento y sus aplicaciones, abriendo escenarios geométricamente complejos.

Ya se manipulan átomos, mediante procedimientos químicos e incluso "mecánicos"[37] abriendo el camino para la posibilidad de "construir" los materiales deseados, a voluntad, constituyendo moléculas con las propiedades necesarias para diferentes utilizaciones.

La impregnación a la vida cotidiana ha sido también crecientemente acelerada. Desde el surgimiento de la World Wide Web hasta su masificación no pasó más de una década. Y cada nueva "aplicación" de utilización masiva llega a cientos de millones de personas en tiempo real. Las aplicaciones en los automotores tardan cada vez menos tiempo entre sus usos experimentales y su extensión a los automóviles de fabricación masiva. Los medicamentos tienen una "curva" de masificación que es cada vez más corta, ya que es de su aplicación masiva - más que su uso por una pequeña élite que los paguen "caro"- que se obtendrá la ganancia rápida –que permita, a su vez, nuevos desarrollos-.

Los programas de diagnóstico médico computarizado[38], incorporados a la red, existen desde el primer lustro del siglo y son crecientemente perfeccionados,

---

[37] http://www.madrimasd.org/revista/revista34/tribuna/tribuna1.asp;
http://www.agenciasinc.es/Noticias/Manipulacion-magnetica-de-atomos-para-avanzar-hacia-la-computacion-cuantica

expandidos en su alcance profesional y "amigables" con los usuarios, lo que permite a los profesionales un aporte de información cada vez mayor por parte de sus pacientes.

Los procesos informáticos (o "in sílico"[39]) de prueba de nuevas drogas médicas acelera y abarata el costo de procesos de prueba que por los sistemas tradicionales duraban muchos años y requerían una aplicación en humanos más riesgosa.

---

[38] http://www.binasss.sa.cr/revistas/rccm/v13n1-2/art10.pdf

[39] http://es.wikipedia.org/wiki/In_silico

Interrogante epistemológico: ¿sirve el pasado para predecir el futuro?

Una regla básica del método científico es que los postulados estén asentados en hechos comprobados. Otra, que las correlaciones observadas y probadas sirvan para pronosticar acontecimientos futuros.

Mirando hacia atrás, son pocas las dudas que quedan sobre la aceleración exponencial de la información agregada a la realidad. Esta afirmación no sólo cubre el espectro de "lo que sabemos", sino que expresa una tendencia más profunda, inherente a la propia realidad: la cantidad de "información" que la realidad incorpora, en términos de organización de la materia, ha seguido también un ritmo crecientemente acelerado.

Las consecuencias de esta aceleración y acrecentamiento de la información-organización de la materia parecieran enfrentar la segunda ley de la termodinámica, que sostiene que en todo sistema cerrado, la información tiende a desaparecer a medida que crece la entropía, es decir, la tendencia a la igualación térmica del espacio bajo análisis.

La vigencia de esta ley debiera indicar la desaparición de las diferencias –más que su acrecentamiento- y la simplificación de la organización de la materia – más que su complejidad-. En otras palabras, la evolución marcada en estas líneas iría en línea exactamente contraria a la segunda ley de la termodinámica, que es considerada una constante universal.

Inserta en la segunda ley de la termodinámica –que conduce inexorablemente al equilibrio térmico del universo- la complejidad creciente aparece como un intento de escapar al final preanunciado: la materia se organiza con cada vez más complejidad e información como si su objetivo fuera evitar su destino fatal. No es ajena a esta aparente contradicción la polémica aún no saldada sobre el lugar que debe asignarse al fenómeno de la vida en las leyes fundamentales de la física.

Estas reflexiones se ubican en el límite entre la física y la filosofía. Es imposible, en las condiciones actuales del conocimiento, saber con precisión el destino final de todo lo que existe. A tal punto es así que ni siquiera podemos afirmar cuál es la composición y entramado último e infinitesimal de la materia, tema que tiene –y promete tener por mucho tiempo- entretenidos a los físicos frente a la aparición, ante cada nuevo descubrimiento, de conceptos desconocidos que alejan el horizonte cada vez más. Materia oscura, universos múltiples, múltiples partículas "de Higgs", "pentaquarqs", cuerdas, supercuerdas, supersimetría, son hipótesis que definen lo que existe en forma diferente, aunque coincidan en teorías operativas útiles para el actual estado del conocimiento, pero previsiblemente insuficientes para explicar lo que falta descubrir.

La respuesta de los epistemólogos a esta afirmación para defender su coherencia con la creciente complejización de la realidad hasta llegar a la vida – y como punto culminante conocido, la propia vida humana- es que ni la tierra, ni el sistema solar, ni la galaxia ni el propio universo parecieran ser sistemas cerrados, sino con interacciones externas y posiblemente desconocidas. De tal forma, proyectar o no la aceleración que hasta ahora muestra la incorporación de información implica desplegar supuestos que requieren, en el fondo, una dosis implícita de incertidumbres.

En realidad, no sabemos qué pasará en el largo plazo. Y no podemos saberlo, porque no sabemos en realidad lo que está pasando en lo profundo de la realidad. Podemos observar los epifenómenos que se corresponden a la escala humana, tanto de los hechos propiamente protagonizados por los hombres, como el conocimiento de hechos pasados y actuales que entren en la ventana de percepción al alcance de los seres humanos, pero siendo conscientes de que esa ventana es un pequeño observatorio de una realidad inconmensurable y altamente desconocida, de la que sin embargo, formamos parte.

Dicho esto, que pone en términos relativos lo que se afirme como posible, seguiremos el razonamiento de proyectar las hipótesis de trabajo hacia un futuro que no avance más allá de las próximas décadas. Imaginaremos la continuación de las tendencias más consistentes que han podido extraerse de la observación del pasado. De esta forma evitaremos caer en las inevitables reflexiones sobre el destino de la humanidad, la razón de ser de la especie humana sobre la tierra y otros interrogantes de similar tenor, importantes pero ajenos a la dimensión de este trabajo.

La "singularidad"

Desde hace alrededor de medio siglo se ha ido abriendo camino un concepto, el de la "singularidad"[40] en la evolución, como un hito que los más "optimistas" predicen para la década del 2020/2030 y los más pesimistas para la del 2040/2050. El concepto es una especie de "estado cultural" en los tecnólogos de Silicon Valley, que no se preguntan si es posible o no, sino en todo caso, cuándo sucederá.

Esa "singularidad" se caracterizaría por la confluencia de la inteligencia artificial con la inteligencia humana, soportadas por la otra confluencia, la del cuerpo biológico con las incorporaciones artificiales que potencian desde sus capacidades de percepción hasta las de almacenamiento y procesamiento de información, en simbiosis con el de otros seres humanos y la propia red global.

Aparecerían como consecuencia del avance tecnológico seres humanos con posibilidad de poner sus cerebros, ya "hibridados" mediante circuitos informáticos imbricados con los procesos biológicos, "en cadena" con uno u otro ser humano, o robot, o con varios, o incluso con las redes de inteligencia y memoria artificiales como diversas "intranets". O la propia Internet.

¿Serán seres humanos?

La pregunta ante este escenario trae a la memoria la "Paradoja de Teseo". Dice la leyenda griega, recogida por Plutarco: "El barco en el cual volvieron (desde Creta) Teseo y los jóvenes de Atenas tenía treinta remos, y los atenienses lo conservaban desde la época de Demetrio de Falero, ya que retiraban las tablas estropeadas y las reemplazaban por unas nuevas y más resistentes, de modo que

---

[40] Vinge, Vernon, http://mindstalk.net/vinge/vinge-sing.html

este barco se había convertido en un ejemplo entre los filósofos sobre la identidad de las cosas que crecen; un grupo defendía que el barco continuaba siendo el mismo, mientras el otro aseguraba que no lo era." ¿Seguirá siendo humano este nuevo conjunto híbrido bio-mecánico, o será una especie diferente?

Estos exponentes de una "nueva humanidad" no serían una nueva raza, sino pioneros –primero- y tal vez predominantes luego de una etapa evolutiva humana en la que la simbiosis biológica-tecnológica habría reemplazado a la simple evolución biológica que fue característica de la humanidad hasta hoy.

Una afirmación de esta magnitud cae obviamente en el campo polémico de las predicciones. Y aunque en el ambiente cultural del Silicon Valley, en California, la "singularidad" sea tratada como un concepto casi familiar, también genera prevenciones y detractores.

Son éstos quienes ponen en duda la sincronía de los avances científicos y advierten sobre los imprevistos, propios no sólo de la condición humana sino de la propia evolución de la realidad, así como la posibilidad material de su masificación, en el caso eventual de lograrse los desarrollos tecnológicos necesarios. ¿Y si sólo pocos llegan a esta simbiosis pero la mayoría no?

Sin embargo, lo que es innegable son los hechos que efectivamente ocurren: el crecimiento en la capacidad computacional ha adquirido un ritmo exponencial confirmando año a año la ley de Moore. La robótica perfecciona, en simbiosis con la computación y la nanotecnología, artefactos para usos más diversos y sofisticados. El cuerpo humano es enriquecido en sus capacidades y en su funcionamiento por implantes tecnológicos impensados. La comunicación entre máquinas potencia la capacidad de cálculo de cada una y todas ellas. La vinculación de las máquinas a la red global –Internet- es creciente. El rumbo, en síntesis, es el de la confluencia cada vez mayor entre el ser humano y la tecnología aplicada a su propia identidad, así como la magnitud del salto cualitativo y cuantitativo de la Inteligencia Artificial.

La política en la revolución científica

En este punto es conveniente volver a lanzar anclas: ¿tiene importancia esta reflexión para el análisis político?

La respuesta no es tan alejada en el tiempo o en las posibilidades como aparecía hace algunas décadas. La aceleración del proceso tecnológico impide obviarla, no sólo porque será avasallante sino porque su consecuencia en un plazo cercano será ampliar la brecha existente entre las sociedades "avanzadas" y las "retrasadas", o entre las que hayan sumado su marcha a la evolución global y las que se hayan mantenido relativamente al margen.

Los interrogantes avanzan hacia su eventual "diacronismo", es decir, la posibilidad de que unos pocos –megamillonarios, con poder suficiente- lleguen al estadio de la singularidad, excluyendo a la mayoría de la población que conservaría sus "rudimentarias" capacidades humano-biológicas naturales. Y vaya si éste es un "issue" que corresponde a la agenda política…

Cabe una acotación: los cambios no respetan límites nacionales. Hasta los países más cerrados han debido abrir accesos de sus ciudadanos a las redes. Más o menos limitados, más o menos controlados, más o menos perseguidos, más o menos aceptados, las personas han accedido a los cambios con la ansiedad de participar en el mundo que viene, lo acepten o no sus gobiernos.

El cambio no será sincrónico. En todas las sociedades existirán personas que adopten rápidamente las nuevas tecnologías, otras que lo hagan a medias y por último las que no las aceptarán de ninguna manera. Ahora mismo, a fines de la segunda década del siglo XXI, aún hay personas que se niegan a utilizar teléfonos celulares, que no se interesan en el manejo de una computadora personal o que recelan de cualquier artefacto tecnológico.

Sin embargo, el abanico en el nuevo escenario se anuncia como mucho más amplio y la distancia entre quienes lo adopten y los que lo nieguen puede ser exponencial, especialmente en el plano intelectivo –en lo individual- y en el plano de la acumulación de poder –en lo colectivo-.

La Internet ha llegado hasta a Cuba[41] y Corea del Norte[42]. Las redes sociales ayudaron a derribar autocracias árabes[43]. Zonas pobres de África y Asia tienen más celulares por habitante que países desarrollados[44]. Los celulares inteligentes –que, en rigor, son microprocesadores de amplio espectro- se expanden a toda la geografía del mundo y a todos los sectores sociales, sea en sus versiones "legales" o en sus copias fabricadas sin respetar royalties ni derechos intelectuales.

La humanidad, en síntesis, incorpora el cambio tecnológico sin las tajantes fragmentaciones de clase de tiempos históricos, que aún siguen incidiendo aunque con límites cada vez más difusos y flexibles.

Sin embargo, si los temas de la inclusión tecnológica y de la rápida absorción de nuevos paradigmas cambiantes no se asumen como centrales en la agenda pública, es muy probable la reproducción y profundización de una brecha entre los adelantados y los retrasados.

Los primeros se asociarán al cambio, pero los segundos estarán condenados a un papel secundario y subordinado, cada vez más alejado hasta de su comprensión. La imagen de los ancianos sufriendo frente a un Cajero Automático para retirar su jubilación, incapaces de actuar aún frente a programas altamente intuitivos y sencillos, puede reproducirse y ampliarse al infinito, y sus perspectivas pueden licuar hasta los límites éticos de la diferencia aceptada.

Una nueva categoría social de la que viene hablándose en las últimas décadas, la de los excluidos tecnológicos, convertirá para ellos a la sociedad altamente tecnificada de los años que vienen en una verdadera pesadilla. Y la acentuación de la vulnerabilidad de los países o colectivos nacionales que decidan quedar al margen del cambio puede ser fatal.

---

[41] http://www.lanacion.com.ar/1174515-cuba-libera-el-acceso-a-internet

[42] http://es.wikipedia.org/wiki/Internet_en_Corea_del_Norte

[43] http://www.revistacomunicar.com/indice/articulo.php?numero=41-2013-14

[44] http://www.rcnradio.com/videos/expansion-de-los-celulares-en-africa-32989

Capítulo 4. Los nuevos conceptos y la inteligencia artificial

Avanzaba líneas más arriba en el interrogante de "¿cómo medir?". Y "¿qué medir?".

Quienes estudian el tema han propuesto varias formas, girando alrededor de la evolución en la capacidad de procesamiento y almacenamiento de información en la línea de incremento de complejidad y orden.[45]

Los nuevos conceptos se estructuran alrededor de la Inteligencia Artificial y se extienden desde la velocidad de procesamiento hasta la cantidad de datos que pueden ser almacenados en determinados soportes.

Paralelamente, quienes toman distancia para observar los procesos en sus grandes etapas nos hablan de una aproximación a tres grandes estadios:

1) La inteligencia artificial cercana a la vida cotidiana.

2) La inteligencia artificial general.

3) La super inteligencia.

El primer estadio, el que estamos viviendo a mediados de la segunda década del siglo XXI, puede vincularse a una extensión de las capacidades de la inteligencia humana.

La inteligencia artificial impregna todos los campos: mayor memoria, ayuda para reemplazar procesos biológicos deteriorados en el cuerpo, robótica incorporada a la producción, gestión de artefactos de facilitación de la vida cotidiana –sensores, circuitos inteligentes, "internet de las cosas", etc.-, equipamientos de análisis de precisión, extensión de la visión –telescopios de diferentes frecuencias de luz, microscopios electrónicos, radiotelescopios, observatorios astronómicos en el espacio exterior como las sondas espaciales a

---

[45] Ray Kurzwel, op. cit.; Moravec, Hans, "El hombre mecánico", Biblioteca Científica Salvat, 1993 ; https://books.google.com.ar/books?id=UfccXvwzIOUC&pg=PA60&lpg=PA60&dq=moravec+inteligencia+artifici al&source=bl&ots=z_5a_IWODo&sig=nh0xk7n_vfiAsf8YN4xyG4GxFuQ&hl=es-419&sa=X&ei=eYVGVaAL0v-CBMb9gIAK&ved=0CEcQ6AEwCjgK#v=onepage&q=moravec%20inteligencia%20artificial&f=false

Marte, a los satélites de Júpiter, a Plutón y al espacio interestelar, la Estación Espacial Internacional, el telescopio Hubble-, captación de datos y experimentación en dimensiones ultrapequeñas –como el Gran Colisionador de Hadrones o el FERMILAB-, reemplazo de porciones de circuitos nerviosos específicos –como los implantes cocleares y los implantes de retina- e incluso de implantes de módulos cerebrales en áreas puntuales para reemplazar tejidos dañados.

El desarrollo de "nanorobots"[46] explorando la intimidad del organismo, con artefactos más pequeños que un glóbulo rojo, anuncia una medicina de alta tecnología que permitirá desde proveer medicaciones con altísima precisión a tejidos enfermos, reparar células genéticamente defectuosas, reemplazar células de sangre o del pulmón ("respirocitos"), y hasta realizar intervenciones quirúrgicas por control externo computarizado.

La característica de todos ellos es que funcionan como extensiones y respaldo de las capacidades del cuerpo, y específicamente, del cerebro humano y de la capacidad de recolección de datos y su relacionamiento conducidos siempre por la reflexión y la voluntad humanas.

¿Cuándo llegaremos a ésto? Pues…gradualmente, en forma inminente en algunos casos y progresivamente acelerada en otros. Ya se realizan muchos de estos procedimientos en forma experimental. Ya lo estamos viviendo.

El segundo estadio, que se anuncia llegando a partir de la segunda mitad de la tercera década del siglo (2025) es más ambicioso. Es definido como aquél en el que se alcanzan similares capacidades de almacenamiento y procesamiento de información artificial que el cerebro humano, junto a la posibilidad de una vinculación entre ambos para un trabajo simultáneo. Su llegada se anuncia proyectando la tendencia de incremento de la capacidad computacional.

Su búsqueda es perseguida por varios laboratorios y Universidades en diversos lugares del mundo. La estrategia para lograrlo varía, y puede agruparse en tres grandes líneas de desarrollo:

  a.   La búsqueda de incorporación de cada vez mayor de información y capacidad de relacionamiento de esa información, tratando de lograr la misma capacidad que se estima tiene el cerebro. No es sencillo por

---

[46] Op. cit. https://ciencia10e9.wordpress.com/

la capacidad que tienen las 100.000 millones de neuronas que componen el cerebro.

Sin embargo, ya mencionamos que se ha logrado construir en China una super-computadora que supera esa capacidad de cálculo, aunque tiene un volumen de cerca de mil metros cuadrados de superficie y requiere para funcionar más de 24 Mgv de energía (24 millones de vatios). La miniaturización, sin embargo, es una tendencia irrefrenable.

La primera computadora, "ENIAC", construida en 1946, poseía 17.468 tubos de vacío, 7200 diodos de cristal, 1500 relés, 70.000 resistencias, 10.000 condensadores y 7.000.000 de soldaduras. Pesaba 27 toneladas.

La ENIAC requería 179.000 W de electricidad para funcionar, y su velocidad de cálculo era de 100 Khz/s, menos de una diezmillonésima parte de la de un celular actual. Su tamaño era de 63 m2. Ya hace décadas que esa misma capacidad de cálculo cabe en un chip de un centímetro cuadrado, con un consumo energético cercano a cero.

b.   La capacidad de incorporación de información y la capacidad de aprender sobre la base de ensayos de "aciertos y errores", tratando de emular el procedimiento que se estima sigue el cerebro humano para su "programación", incluyendo los "short-cuts" o "patrones" que le permiten responder en forma "instintiva" a determinados acontecimientos sin que necesariamente deba intervenir la totalidad del circuito de memoria almacenada y relacionamiento de esa información.
Este método permite "ahorrar" componentes, acortar los circuitos, reducir el consumo energético y, al final, acelerar el resultado.
Científicos inmersos en el tema aseguran que la elaboración de "patrones" es la forma que ha utilizado la evolución para sus saltos hacia el orden y la complejidad, y que su resultado es la aceleración del ritmo de crecimiento al apoyar cada nueva generación de "patrones" sobre otros elaborados previamente que le sirven de base.

ENI
AC – Primera computadora electrónica, a válvulas de vacío. 1946

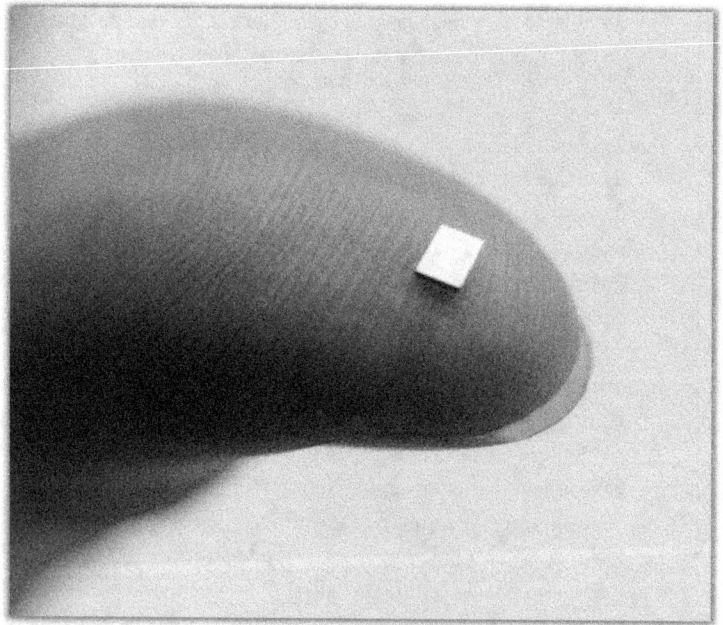

Chip más pequeño del mundo (año 2015), Hitachi, con varios millones de veces mayor capacidad de cómputo que la ENIAC

El crecimiento de la complejidad sobre la base de acumulación sucesiva de "patrones" parece ser el procedimiento utilizado por la naturaleza, en sus miles de millones de años de evolución, aunque en ritmo de tiempos naturales o biológicos, ínfimo en relación a la velocidad a la que podrían trabajar los modernos circuitos computarizados. Éstos, sin embargo, no buscarían "a ciegas", como la evolución natural, sino con propósitos planificados y definidos, lo que acelera el proceso grandemente.

c. La reproducción de los circuitos cerebrales mediante la copia en el nivel microscópico de la estructura de células, axones, sinapsis y circuitos, que son "fotografiados" en láminas similares a "fetas" microscópicas y luego impresas por impresoras de altísima precisión en tres dimensiones, que "reproduzcan" la morfología del cerebro, aunque en materiales y componentes artificiales. El objetivo es obtener un símil lo más parecido posible al cerebro, con su exacta morfología y aspirando a un funcionamiento similar. A partir de allí, se supone una aceleración mayor en función de las mismas razones ya expresadas: la superioridad de cálculo, la rapidez en la transmisión de datos (velocidad de la luz de los circuitos informáticos vs. velocidad inferior a la del sonido en los circuitos biológicos y químicos) y la planificación de las metas buscadas.

Los tres procedimientos se están desarrollando, con mayor o menor éxito, en diferentes centros de investigación de Inteligencia Artificial públicos y privados.

Los desafíos avanzan en dos líneas básicas: la primera, lograr la capacidad de acumulación y procesamiento de información (equivalente a lo que en el campo informático se denomina el "hardware"). La segunda, es la elaboración de los programas que hagan funcionar esa capacidad, desarrollando patrones de interpretación y toma de decisiones.

De su avance podríamos decir, tomando distancia, que la evolución va siguiendo la "Ley de Moore", y que aunque puedan estimarse límites en la actual capacidad de compresión de los circuitos impresos, existen tecnologías alternativas que anuncian su continuación en el tiempo.

En la actualidad, mediados de la segunda década del siglo XXI, una computadora accesible en la vida cotidiana, con un precio standard de 1000 dólares –suma elegida en forma discrecional, para contar con un dato de la relación "costo-beneficio"-, alcanza a una milésima parte de capacidad del cerebro humano. Parece nimio y totalmente alejado del estadio 2, que es emular al cerebro.

Esa distancia deja de ser impresionante si recordamos que hacia 1985, por ese precio se alcanzaba una capacidad de almacenamiento y procesamiento de la trillonésima parte del cerebro humano (vg. la computadora "Commodore 64"), que para 1995 se había avanzado hacia una billonésima parte del cerebro (PC XT) y que para 2005 ya estábamos en una millonésima parte del cerebro ("Pentium IV"). El incremento computacional se ha mantenido agregando "tres ceros" por década.

Contar con computadoras que hayan alcanzado ya la milésima parte de capacidad del cerebro sugiere la tendencia que, proyectada, nos da un punto de confluencia: para los más optimistas, a mediados de la tercera década del siglo (circa 2025) y para los más pesimistas, a mediados de la cuarta. Dentro de diez años, menos tiempo de lo que lleva el kirchnerismo en el poder en la Argentina, comenzaremos a contar en la vida cotidiana con artefactos, adquiridos en el negocio de computación de la esquina o en las cadenas de electrodomésticos, con la capacidad de almacenamiento y procesamiento equivalente a los de un cerebro humano.

En este punto es necesario poner la reflexión en contexto: el cerebro, a pesar de los enormes avances resultado de las investigaciones realizadas en las últimas décadas, sigue siendo altamente desconocido. No es posible equipararlo, en su funcionamiento, a un circuito computacional. Los datos que se vuelcan en este trabajo son los que, a efectos comparativos, realizan los científicos que estudian la inteligencia artificial y están lejos de ser aceptados como una norma indiscutida. Sirven, sin embargo, como dato comparativo para realizar una aproximación al ritmo de avance de la capacidad computacional, base imprescindible de la inteligencia artificial.

Por supuesto que esto no culmina el proceso. No alcanza con el soporte físico: es necesario desarrollar el "software". En estos diez años también en este aspecto la "ley de Moore" seguirá funcionando.

Y falta la enunciación del paso mayor: su imbricación con el cerebro en forma directa, proceso en el que se ha avanzado en campos concretos –ya mencionados– y cuya simbiosis es posible imaginar lograda parcialmente en tiempo más o menos cercano (una década).

Los implantes cocleares, los implantes de retina, los implantes cerebrales para controlar algunos campos relacionados con enfermedades como el Parkinson, el perfeccionamiento de métodos de interpretación de funcionamiento cerebral paralelo al diseño de técnicas para producir la estimulación de determinadas áreas, son campos hasta hace pocos años pertenecientes a la ciencia ficción y hoy en plena investigación y desarrollo.

Así avanzaremos hacia el tercer estadio, que hoy genera mayores interrogantes, por su separación morfológica y funcional con la inteligencia individual y el funcionamiento de las propias sociedades: la inteligencia artificial fuerte, analizadas en las páginas siguientes.

Capítulo 5. Los estadios de la Inteligencia Artificial

El estadio 1. Inteligencia artificial cercana a la vida cotidiana.

Hace tiempo que convivimos con la inteligencia artificial. En rigor, tanto tiempo como desde que la humanidad comenzó a utilizar procedimientos que aceleran y potencian funciones desarrolladas por el cerebro. Las primeras calculadoras o "Ábacos" cumplen este requisito. El Mecanismo de Anticitera[47], cuya construcción data del siglo I o II AC, destinado a realizar cálculos astronómicos, es otro ejemplo.

Este primer estadio es el que estamos atravesando aún en la segunda década del siglo XXI. Los sistemas parciales, que han sido desarrollados tecnológicamente durante toda la historia humana, han llegado a una complejidad creciente con el desarrollo de la capacidad de cómputo, impregnan paulatinamente la vida cotidiana y comienzan a articularse.

El último siglo ha sido en este sentido la bisagra de la aceleración. Comenzó con la computación electro-mecánica (Torres Quevedo, 1920), dio un salto enorme cuando se diseñaron circuitos apoyados en la válvula de vacío (1938), ese salto fue gigantesco con el descubrimiento del transistor (1947) y a partir de allí el camino fue exponencial con los circuitos impresos (1957) y su miniaturización con circuitos integrados (1964) que llegó a permitir millones de transistores en la superficie de un chip de un centímetro cuadrado.

La propia "internet de las cosas" (IoT, "Internet of Things"), que permite automatizar el funcionamiento de artefactos en la vida cotidiana de acuerdo a patrones establecidos, en la medicina, en la industria, en el comercio, en el transporte, en la provisión de energía eléctrica, en la conducción de automóviles y –virtualmente- en cada parte de la realidad, funcionan con cada vez menor intervención humana.

Internet vincula todo lo que es pasible de detectarse por sensores y convertirse en datos. El paso siguiente –automatizar las respuestas ante determinados datos- es más rápido que la decisión humana. Ello ocurre en la agricultura, con

[47] http://es.gizmodo.com/el-misterioso-mecanismo-de-anticitera-es-mas-antiguo-de-1664102105

sensores de humedad, nutrientes, crecimiento o estado del tiempo, conectados permanentemente a Internet y desatando las reacciones programadas de sistemas de riego, medicaciones, complementos nutritivos o aviso de cosecha. Ocurre en el control del tránsito, detentándose la densidad de los flujos vehiculares y disparando programas automáticos de desvío hacia arterias no congestionadas o vías alternativas ante accidentes. Ocurre en la vida cotidiana, optimizando los sistemas de calefacción o refrigeración, de apertura o cierre de ventanas, de regulación de temperatura del refrigerador, de encendido de artefactos hogareños –como lavarropas, cafetera, horno de pan, etc.- en el momento previamente planificado. Y ocurre en la función más utilizada ante el crecimiento de la inseguridad, en el mundo entero: las cámaras de vigilancia, originariamente destinadas a los lugares públicos y que ya han avanzado hasta la intimidad del propio hogar, cuyo movimiento es seguido a distancia por empresas privadas de seguridad o policiales contratadas al efecto.

La flexibilidad de la interacción está previendo cambios en los patrones de funcionamiento de campos específicos de la realidad, según cambien los datos. Ya en el año 2009, la prensa anunciaba, por ejemplo, que más de la mitad de las operaciones de compra y venta en la bolsa de valores más importante del mundo –Nueva York- eran decididas por sofisticados programas informáticos[48], que trabajan con una velocidad de reacción de cincuenta milésimas de segundo, imposibles de superar por la incorporación de información, reflexión, decisión y ejecución de una persona.

En el transporte aéreo las reservas son automáticas[49], así como la fijación y variación de los precios de los tickets de las aerolíneas según la ocupación –en primer término, por las previsiones sobre cálculos históricos, y luego por la ocupación efectiva, estableciendo precios de último día y hasta de última hora-. E igualmente ocurre con las tarifas hoteleras.

En la navegación aérea, gran parte de los procesos tanto en el avión como en tierra están automatizados. Los sistemas ferroviarios avanzados –por ejemplo, la red europea- son controlados por sistemas inteligentes. Igual ocurre con la

---

[48] http://cincodias.com/cincodias/2009/08/08/mercados/1249693301_850215.html

[49] http://www.aviaciondigitalglobal.com/noticia.asp?NotId=10804&NotDesignId=4

generación y distribución eléctrica en la mayoría de los países, y las redes de telecomunicaciones que incluyen –obviamente- la propia Internet.

La automatización en la industria es avasallante, discutiéndose –en todo caso- la velocidad de avance del proceso[50], que es adoptado universalmente. En este campo, la simbiosis de la Inteligencia Artificial con la robótica ha sido pionera, primero en tareas repetitivas que no requerían tanto procesamiento de información sino más bien secuencias repetitivas, y avanzando luego hacia funciones más sofisticadas a medida que la capacidad de control de precisión de los movimientos robóticos fue abriendo campos en la fabricación de circuitos electrónicos, de drogas o de artefactos nano-mecánicos.

La tecnología bélica es un campo singularmente dinámico en la incorporación de tecnologías avanzadas. El Ejército norteamericano no sólo utiliza aviones no tripulados para misiones de alto riesgo, controlados desde cómodas consolas a miles de kilómetros de distancia del blanco, sino que ha desarrollados complementos de combate que automatizan cada vez más el combate en tierra[51]. El Ejército Popular Chino ha informado en publicaciones dirigidas a posibles compradores la puesta en el mercado de "drones" terrestres y navales, vehículos todoterrenos con capacidad de ser programados para actuar con "autonomía táctica", es decir, para disparar sin intervención humana cuando detecte los "objetivos" que le hubieran sido programados. La robotización en simbiosis con la nanotecnología es utilizada en innumerables artefactos en actividades de inteligencia[52]

El equipamiento desarrollado cuenta con poderosos sistemas de información que mantienen al soldado de infantería permanentemente vinculado con sus mandos, mediante canales interactivos gráficos y auditivos que forman parte de su casco. Las telas con que son elaborados sus uniformes son cincuenta veces más resistentes que el acero, sin afectar la flexibilidad de movimiento. Artefactos robóticos terrestres, marinos y submarinos altamente letales y

---

[50] http://www.automaticaeinstrumentacion.com/es/notices/2014/02/automatizacion-para-una-mayor-flexibilidad-productiva-37832.php#.VUkG1fl_Oko

[51] http://www.defensa.com/index.php?option=com_content&view=article&id=4497:hacia-el-soldado-futuro-la-infanteria-ligera-mas-capaz-y-segura&catid=69:reportajes&Itemid=199

[52] http://www.espionaje.org/video_tactico_camaras_microcamaras_transmisores_21.htm

capacitados para recorrer cualquier terreno son también conducidos, como los drones, desde mandos a distancia, desplazándose en territorio enemigo o en disputa. "Micro-DAYs" o pájaros automatizados son desplegados en zonas en disputa, con finalidades de exploración y aún de combate[53].

"Mosquito espía" israelí, cuya utilización fue denunciada por su oponente palestino en las operaciones de 2014 en la Franja de Gaza

Robots combatientes con diferentes grados de autonomía táctica están capacitados para avanzar en terrenos peligrosos con "instrucciones" programadas con diferentes niveles letales[54].

Prototipos de "soldados-robot"

Para el 2020 se encuentra programada una generación de "gusanos" de pequeños robots autoorganizables, con poder de combate. La miniaturización de las "nanoweapons" –o microarmas- llegará a la conformación de una letal "niebla informática" con capacidades múltiples, incluso la de autoreproducirse. El listado sería infinito y no de ciencia ficción, sino de desarrollos tecnológicos en curso[55].

---

[53] https://tonymolony.wordpress.com/2012/06/24/mosquito-espia-en-produccion-drone-mavs/

[54] http://actualidad.rt.com/actualidad/view/111702-militares-eeuu-robots-soldado

[55] http://www.tendencias21.net/La-nanotecnologia-promete-armas-mas-destructivas-que-las-nucleares_a699.html

Podría realizarse un intento de listado de las aplicaciones informáticas en la vida cotidiana, industrial, de servicios, agropecuaria, administrativa. Sería redundante y casi infinito. Cabe recordar que el procesamiento de información sin intervención humana está presente en la totalidad de las actividades de hoy.

En síntesis: aún sin contar con máquinas que lleguen a la capacidad del cerebro, la sociedad global está funcionando ya con altísimos grados de interacción y dependencia de "decisiones" en tiempo real no tomadas por las personas, aunque de acuerdo a patrones cuyas bases son diseñadas con intervención humana, la que sin embargo, está cada vez más alejada de la decisión final en cada caso.

Un rápido ejercicio intelectual nos permitirá acceder a una mayor comprensión de las tareas cotidianas posibles de automatizar. Imaginemos que debemos concurrir desde nuestro hogar hasta el lugar de trabajo y debemos decidir qué medios de transporte usaremos. E imaginemos que tenemos a nuestra disposición cinco alternativas: caminando, en bicicleta, en subterráneo, en colectivo y en automóvil. Decidir cuál es el más conveniente es un tema perfectamente computable apenas decidamos las variables prioritarias (rapidez, seguridad, costo, comodidad). El tema lo puede decidir la computadora.

El segundo paso es iniciar el viaje. No es computable y deberemos – seguramente- caminar hasta el medio de transporte elegido. El tercero es realizar el viaje. Si es un transporte público, es computable –y en muchos casos, ya está controlado computacionalmente- la frecuencia y el trayecto. Sólo no lo será ascender y descender del mismo. Si elegimos el automóvil, es computable la selección de la ruta a tomar (el GPS hará el trabajo) y en pocos años más será computable la conducción del vehículo.

Si elegimos la bicicleta o caminar, será computable la ruta, aunque no la ejecución del viaje –por ahora, ya que se anuncia la extensión de prótesis de movilidad que harán más rápido el desplazamiento, reduciendo el cansancio, tanto por la aplicación de mecanismos externos a las extremidades como por el diseño de las células de provisión de oxígeno artificiales cuyo efecto será multiplicar por un factor mayor a 200 la llegada de oxígeno a los músculos-. En ese momento, serán computables no sólo la ruta, sino el control de velocidad de nuestro caminar o pedaleo.

¿Qué habrá quedado sin ser computable? Pues… la decisión originaria de ir o no ir a trabajar. Con una salvedad: también esta decisión puede ser computable, si está programada para decidir cuándo debemos ir y cuándo no, vale decir si es día hábil y el horario de ingreso y el cálculo del horario de salida de nuestro hogar. Si esto también es computable, la decisión no computable será más anterior aún: la decisión de trabajar o no, que habremos tomado en algún momento de nuestra vida al elegir nuestra forma de ingresos. Pero… ¿cuántas veces en nuestra vida tomamos decisiones de estas características? ¿A qué situación excepcional habrá quedado reducida la necesidad de una decisión humana no "automatizable"?

La agregación de capacidad de almacenamiento y procesamiento, en esta primera etapa de "Inteligencia artificial simple", suma capacidades a la inteligencia humana, pero no la reemplaza. La potencia, pero no la supera.

La computadora es superior en muchas áreas –por ejemplo, las vinculadas con el cálculo, con el automatismo, con la rapidez- pero no alcanza la altísima sofistificación del cerebro para relacionar patrones y comprender situaciones complejas desde la perspectiva del análisis, que las computadoras realizan –por ahora- en forma lineal y el cerebro en forma holística.

Una computadora en este estadio puede realizar en centésimas de segundo cálculos que un cerebro humano, en caso de poder hacerlo, tardaría años. Pero es incapaz de diferenciar un caballo de un toro, una cucaracha de un grillo, un dibujo de un objeto real, apreciar un cuadro o disfrutar de una sinfonía.

La interpretación y reacción ante situaciones imprevistas requerirá probablemente durante algún tiempo la exclusividad del cerebro biológico. Sin embargo, no será así por siempre. En intuición del autor, la confluencia se irá produciendo naturalmente, aprovechando las potencialidades de ambos sistemas –biológico y tecnológico- en una potenciación recíproca y sin desplazamientos recíprocos sino en una simbiosis creciente.

Aunque existen experiencias y pruebas parciales exitosas, eso llegará plenamente con el segundo estadio, previsiblemente y como está dicho dentro de entre diez y veinte años, entre mediados de la tercera y cuarta décadas del siglo (entre 2025 y 2035).

Estadio 2. Inteligencia artificial general

La proyección de la Ley de Moore, asentada en su evolución histórica y continuando su ritmo, nos adelanta que en aproximadamente dos lustros una computadora de un costo aproximado al equivalente a Mil dólares actuales tendrá la capacidad de cálculo del cerebro.

No se trata de imaginar una máquina –PC, tableta o celular- con esa capacidad. Se trata de imaginar artefactos de la vida cotidiana con una inteligencia equivalente a la de su dueño, con todo lo que implica en auto-aprendizaje, decisiones y memoria.

El gráfico logarítmico transcripto más abajo, elaborado por Kurzweil para su obra, expresa el avance realizado y la proyección durante el presente siglo de la capacidad de cálculo de la inteligencia artificial utilizando como standard de comparación la capacidad de cálculo accesible para el gran público por un precio de Mil dólares.

Se verá allí que a comienzos del siglo XXI, esa capacidad equivalía al de la inteligencia de un insecto. Antes de finalizar la primera década del siglo, ya se podía comparar con el de un roedor.

La proyección nos muestra que en el último lustro de la tercera década - 2025/2030- un artefacto de computación de dimensión hogareña y consumo masivo alcanzará ya la capacidad de cálculo de un cerebro humano.

Podrá atravesar la "prueba de Turing"[56] y estará al alcance de quienes deseen utilizarlo para potenciar sus desarrollos de software, vincularlos con otras máquinas, o darle la utilidad que le parezca a su iniciativa, capacidad e inteligencia.

Una digresión se impone en este punto: la diferencia entre "inteligencia" y "soporte físico". Un cerebro es el soporte físico de la inteligencia. Un robot es otro soporte físico. Un celular es otro. Un cuerpo humano es el soporte físico de

---

[56] http://cnnespanol.cnn.com/2014/06/08/por-primera-vez-una-supercomputadora-pasa-la-prueba-de-turing/

un cerebro, que a su vez sostiene la inteligencia. Pero ninguno de ellos es, en el fondo, la inteligencia.

La inteligencia es difícil de definir, pero una aproximación operativa se relaciona con la capacidad de incorporar y memorizar datos (imput), de relacionarlos (procesamiento) y de tomar decisiones y ejecutarlas (output) actuando sobre su propio soporte físico y sobre su entorno.

El cerebro humano toma datos del funcionamiento del cuerpo, del entorno, de su memoria, de las necesidades o problemas que deba resolver, y en función de los patrones que ha "aprendido", toma decisiones y busca las formas de ejecutarlas. Camina, corre, se rasca, calcula, trabaja, roba, mata, se defiende, se reproduce, busca disfrutar, evita sufrir.

Lo mismo, en un nivel elemental pero sin "conciencia", realizan los sistemas del "primer estadio", que no son muy diferentes a la forma de "procesar datos" y "decidir" de los organismos vivos elementales. La diferencia es que las máquinas no deciden sino sobre los patrones definidos previamente por sus diseñadores humanos.

Miremos como ejemplo un teléfono celular. Éste, respondiendo a la necesidad de comunicación de su dueño se inicia al estímulo de una tecla que cierra un circuito y a partir de allí, se conecta con su base –automáticamente-y realiza la conmutación con el terminal deseado –automáticamente-, el que también automáticamente responde con un aviso de llamada entrante indicando su procedencia y respondiendo, según la programación o "patrón" con que haya sido instruido, con la derivación a una casilla de mensajes virtual, con una respuesta –automática- o terminando el circuito con la decisión del receptor de recibir la comunicación en forma "personal".

Puede también reconvertir su capacidad informática en tiempo real para obtener fotografías de alta calidad, o realizar cálculos complejos, o reproducir música o videos digitalizados que puede tener almacenados o que "baja" de la red, los que puede "ejecutar" o "enviar" a terceros o a grupos predeterminados –según su programación-. O puede efectivizar la variedad de alternativas que le permite una red social a la que su circuito está incorporada, o ejecutar la "aplicación" que corresponda.

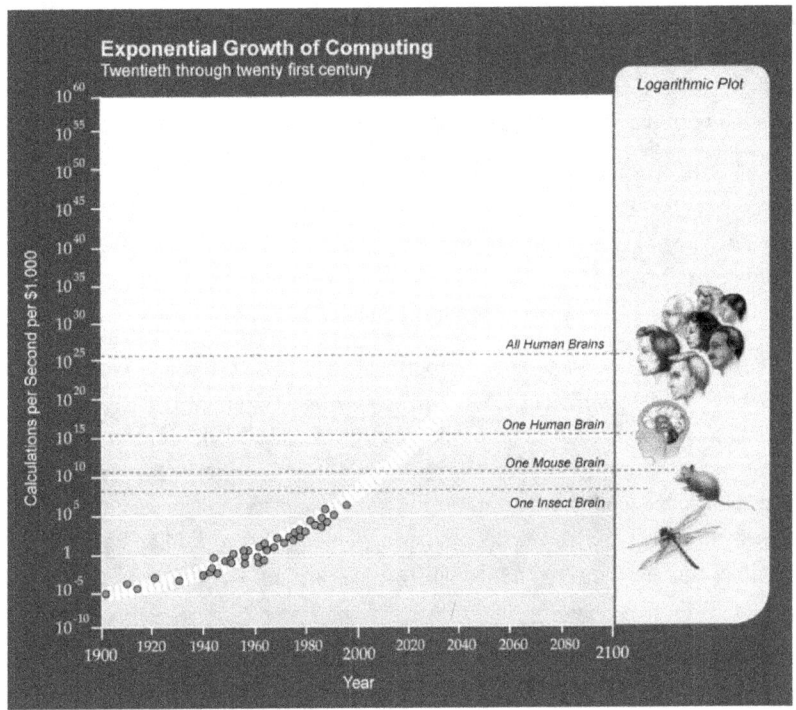

Todo eso –y mucho más- puede efectuar un pequeño aparatito con la capacidad de información equivalente a la milésima del cerebro. ¿Es posible imaginar lo que podrá realizar cuando su capacidad se multiplique por mil, en un lapso aproximado a diez años?

No puede, sin embargo, hablar solo –a lo sumo, repetir aquello para lo que está programado, aunque hay experiencias de desarrollos que pueden mantener una "conversación" elemental, e incluso "profesional"-. Tampoco puede disfrutar de la música, decidir tomar una fotografía, o realizar un cálculo por sí mismo. Tampoco ver una película *sabiendo* lo que ve. Por ahora. Porque también es cierto que la decisión humana está más alejada de la acción final y cada vez son más las acciones que una computadora o un sistema computacional debe –y deberá- decidir "por sí", aunque responda a una programación originaria.

Los interrogantes sociales, filosóficos pero también políticos que se desprenden de este escenario son enormes. No se tratará, en el paisaje de la tercera década del siglo (2020), de aparatitos inteligentes desvinculados entre sí, dependientes en forma absoluta del mando de sus dueños.

Por el contrario, se tratará de miles de millones de cerebros de silicio interconectados de una forma más perfecta y eficiente que los cerebros humanos entre sí, pero también con ellos, a través de Internet y de los sistemas complejos a los que está vinculado. Captando información, almacenándola, correlacionando y procesando los datos, tomando decisiones y ejecutando.

Tal vez el sistema de posicionamiento global (GPS) pueda dar una avance, muy elemental, de esta interconexión permanente: una compleja red de cobertura planetaria compuesta de decenas de satélites y centros de control en tierra altamente computarizados, comunicada con miles de millones –o infinita cantidad- de pequeños receptores que pueden desde indicar una ruta a un usuario automovilístico hasta determinar el paradero o recorrido de una persona o establecer el blanco para un misil lanzado desde el otro extremo del planeta.

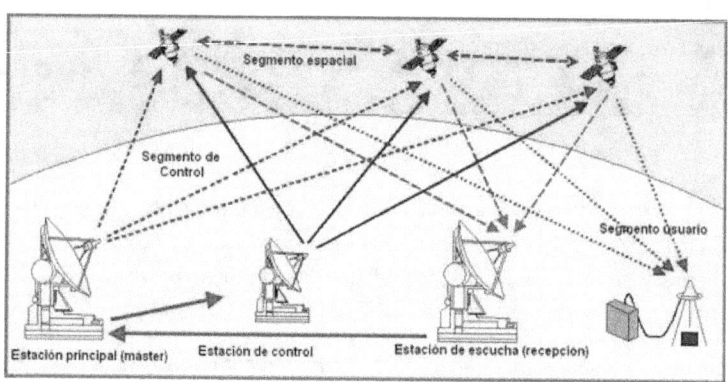

Gráfico de funcionamiento del sistema de posicionamiento global (GPS)

¿Qué cosas pueden hacer una red de estas características? Tal vez sea más sencillo preguntarse ¿qué cosas no?

Redes de comunicaciones, vinculaciones con los artefactos hogareños a los que "manejará" en forma energéticamente eficiente, artefactos y mini-artefactos electrónicos incorporados a cada vez mayor cantidad de personas –desde marcapasos hasta reguladores de funciones orgánicas, desde implantes miméticos computarizados hasta conexiones nerviosas reemplazadas-. No menciono aquí lo que pareciera aún "lejano" –a más de diez años- como serían las extensiones de memoria biológica, o la transmisión inalámbrica de datos cerebrales-, que sin embargo está en el horizonte previsible.

Pero también redes de generación, transmisión y distribución eléctricas, control automatizado de fábricas, control de maquinarias agrícolas auto-conducidas de siembra, fertilización y cosecha, redes de transportes, semáforos, trenes, aeronaves, automóviles auto-conducidos, prendas de vestir conectadas en tiempo real a sus respectivos centros de monitoreo, provistas de aplicaciones electrónicas que controlan los signos vitales, la temperatura, la humedad e incluso las respuestas automáticas a accidentes o problemas de salud como síncopes, paros cardíacos, ACVs, etc.

Ahora imaginemos todos estos artefactos interconectados, entre sí, con Internet y con los cerebros de quienes quieran sumarse. Y de los Estados… con lo que ello significa. Reflexionemos nada más por un instante lo que ha significado en la Argentina el desarrollo del control creciente del sistema estatal sobre la vida privada, no sólo en el terreno impositivo y bancario sino cámaras de control, documentos con bases de datos gigantescas, sistemas de espionaje de llamadas telefónicas y detección de personas, gestión de historias clínicas en cada vez más centros de salud, expedientes electrónicos en la administración pública y así hasta cada campo de la realidad.

Estaremos en el segundo estadio: el de la inteligencia artificial general. Las máquinas no sólo actuarán según la programación realizada por humanos: estarán en condiciones de "aprender", de "programarse solas"[57]. Ya existen prototipos que realizan este mejoramiento de facultades aprendiendo, en un nivel elemental. El aumento de la capacidad de cálculo conducirá inexorablemente a este nuevo estadio.

El escenario que podemos suponer para este estadio, el "paradigma" en el que es previsible que funcione el mundo, sería desconocido para la persona del mundo de hoy, a pesar de estar separado apenas por una o dos décadas.

[57] http://portal.educ.ar/debates/eid/ciencia/nuevos-desarrollos-intentan-lo.php

Ello no significaría sentirse "ajeno" –como el mundo actual, totalmente diferente al de hace quince años, no nos hace sentir "ajenos" a Internet, los celulares inteligentes o las redes sociales-. El cambio es acelerado, pero "suave", en el sentido que quienes lo van protagonizando lo incorporan de manera casi natural a sus hábitos y formas de vida. Pero tiene una muy clara incidencia en la agenda social, desplazando al baúl de las antigüedades las interpretaciones del mundo existente en los paradigmas anteriores –como hoy los jóvenes miran extrañados a sus abuelos y aún a sus padres cuando hablan de "la guerra fría", el "mundo bipolar" o, en la Argentina, el propio "proceso de recuperación democrática"-.

Se producirá entonces un cambio total que se asentará rápidamente y de manera asincrónica en toda la sociedad, pero que comenzará con las personas más dinámicas, más preparadas para entender el cambio, más capacitadas para tomar ventaja y en mejores condiciones de adoptarlo. Un cambio que multiplicará la brecha entre "los que tienen" –educación, cultura, conocimientos, recursos económicos- y "los que no tienen", que pueden llegar a carecer hasta de las necesidades vitales más elementales, desplazados de la posibilidad de una vida aceptablemente integrada a su núcleo más dinámico.

La intuición sugiere que no asistiremos a un escenario de "hombres vs. máquinas", sino a la creciente presencia cotidiana de humanos-híbridos, que habrán optado por diferentes campos de potenciación de sus facultades naturales: físicas, con implantes biomiméticos; intelectuales, con extensiones de memoria; artísticos, con estimulación de zonas sensoriales y de creatividad; comunicacionales, con vínculos directos a Internet desde sus cerebros; o todos ellos juntos, hasta donde lo permita la capacidad del núcleo de cerebro biológico que cada uno conserve. Estos "humanos-híbridos" convivirán con los "humanos 1.0", aquellos que por decisión propia o condicionantes económicos o sociales habrán permanecido iguales, sin acceder a los cambios que la tecnología haya puesto al alcance de los humanos. Entre ambos extremos habrá una infinidad de matices, consistente en diferentes de grados de hibridación "hombre- máquina" u "hombres artificialmente mejorados"

En una realidad globalizada, esta diferencia deja de tener sentido en términos acotados a límites geográficos y alcanza dimensiones también globales. En otras palabras: es imaginable una sociedad "nacional" completa incorporándose rápidamente al nuevo paradigma, sin que forzosamente el contradictorio se dé a su interior. Y también una que decida dejar pasar la historia y no montarse en el cambio de paradigma.

De hecho, la historia está plagada de ejemplos en uno y otro sentido, cada vez que un cambio de época –o paradigma- se efectuó. Algunas sociedades terminaron extinguidas, otras vencidas y subordinadas, otras exitosas integrándose no ya a la "dominante" sino a la marcha del cambio.

Pero también es imaginable –y lo más probable- la configuración paulatina de una sociedad global que, trascendiendo los límites nacionales, genere nuevas categorías sociales según su vinculación con el nuevo mundo, cuyas características atravesarán sin pedir permiso los límites de los Estados. Se estará conformando un nuevo escenario, en el que se diluirán progresiva –pero tal vez inexorablemente- los límites de las antiguas sociedades nacionales para fundirse en un proceso imperceptible en una sociedad planetaria cuyas características aún no conocemos,[58] pero de la que sería suicida alejarse o no intentar participar en sus ámbitos de decisión.

Volviendo a nuestro razonamiento del cambio de paradigma: estaremos en las puertas del tercer estadio, porque llegar al segundo y desarrollarlo nos pondrá en el umbral del siguiente: la Superinteligencia.

Estadio 3. La Superinteligencia

Hasta ahora hemos abordado el escenario de la vida humana interactuando con artefactos sub-inteligentes –cada vez más inteligentes pero siempre en un nivel inferior al cerebro-, y en la última etapa, artefactos con un poder computacional equivalente al cerebro.

La ley de Moore indica que la evolución no se detendrá allí. Y el nuevo impulso exponencial será la consecuencia de un doble camino. Aunque hay límites a las posibilidades físicas de la miniaturización que sostiene la "ley de Moore" en este paradigma, ya se ven adelantos científico técnicos que anuncian que, llegado a esos límites, otro paradigma tomará la posta y seguirá con el ritmo creciente de capacidad de memoria y procesamiento de información acelerado, mediante otros soportes físicos que los chips de silicio.

---

[58] Ulrich Beck. "La mirada cosmopolita o la Guerra es la Paz", Barcelona 2005, Paidós Estado y Sociedad 132, p. 51

En primer lugar, crecerá la propia capacidad computacional de los sistemas. Pero además, en segundo lugar, habrá un aumento exponencial de su interacción global, que ya no dependerá exclusivamente de la decisión humana sino cada vez más de decisiones propias, a través de patrones de comportamiento originariamente diseñados por humanos de "inteligencia biológica", pero cada vez más capacitados para diseñar, a su vez, nuevos patrones cuyos autores serán las propias máquinas. Ya existen avances de máquinas autoprogramables, en condiciones de "aprender" de su experiencia y tomar decisiones sobre la base de esos conocimientos adquiridos.

Y así será hasta llegar al último estadio. Un cerebro global, de alcance planetario.

Un planeta que piensa.

La superinteligencia.

Ese será el escenario de miles de millones de "cerebros" hibridados, humanos y más inteligentes que los humanos, conectados entre sí y del cual dependen las redes más sofisticadas, los artefactos más comunes y los implantes en los seres humanos que hayan sido el resultado del avance de la medicina, de la nanotecnología, la bioingeniería y la microrobótica.

Serán los "seres humanos bio-tecnológicos", viviendo sin necesidades –que estarán cubiertas por los diferentes sistemas controlados por la red global de inteligencia artificial-.

Este sistema planetario de información tendrá acceso y podría controlar –como lo hacen hoy sus "subsistemas", aunque con control humano de última instancia- las redes de infraestructura, electricidad, transporte, comunicaciones, defensa, información personal, seguridad. Pero también todos los artefactos conectados a la "Internet de las cosas": máquinas de fábricas, automóviles auto-conducidos, implantes médicos computarizados, sistemas de información de noticias, maquinarias agrícolas autogestionadas, flujos financieros globales, nacionales, empresarios y personales. Nada sería ajeno a su posibilidad de control.

La visión nos conduce a dos escenarios límite, uno optimista y uno pesimista: los seres humanos pueden ser los "señores" de un mundo sin necesidades, que serán cubiertas por redes y artefactos robotizados con inteligencia artificial cuya capacidad se habrá multiplicado exponencialmente casi hasta el infinito, un mundo en el que la vida se habrá convertida en la monótona sucesión de placeres; o pueden ser los últimos exponentes de una humanidad con personas convertidas en cuasi-mascotas –como hoy tratamos a los perritos, a los gatos o a los animales domésticos- servidos por (¿o sirviendo a?) un sistema gigantesco de pensamiento, que será el gran "patrón" del planeta y que conservará a estos seres residuales como una especie de museo viviente, un "zoológico" de otro tiempo mantenido a efectos de diversión, o de testimonio evolutivo.

¿Son, cualquiera de ambos, posibilidades utópicas?

¿O, como sostienen los escépticos, la inteligencia humana será siempre inalcanzable por ser el lugar de la conciencia, la que configura el motor último de la reflexión y la acción, y que no podría emularse por más que avance la capacidad de memoria y cómputo de las redes artificiales sino que habrán dado origen a una nueva etapa evolutiva caracterizada por la simbiosis entre la mente y la tecnología, una nueva raza humana bio-tecnológica?

Entre ambos extremos, hay infinidad de puntos intermedios. Tantos, como que el hombre está siendo objeto ya de una posible morfología tecnológica que reemplaza –o potencia- sus capacidades naturales. Los sentidos son agudizados por implantes que expanden sus alcances, las capacidades motoras son amplificadas por agregados miméticos de alta capacidad y versatilidad, cada vez son más los órganos susceptibles de reemplazo por equivalentes artificiales, y el cerebro, único órgano que resistía la posibilidad de alteraciones artificiales, ya es objeto de estudios y experimentaciones con desarrollos tecnológicos artificiales que reemplazan circuitos localizados relacionados con algunas funciones básicas, fisiológicas, motoras o sensoriales.

Decíamos antes que la intuición nos induce a imaginar un escenario más "blando" que los extremos, aunque con sus propias dificultades. Un escenario en el que híbridos de toda clase serán cada vez más frecuentes, agregándose en forma casi imperceptible a la convivencia y aceptados con cada vez mayor naturalidad en una sociedad cuyos umbrales de diversidad y tolerancia serán ampliados. "Hombres-híbridos" coexistirán con seres humanos "versión 1.0", tanto como con robots humanizados que tal vez hayan instalado el debate sobre el reconocimiento de derechos, como –en el otro extremo- ha avanzado la conciencia humana del siglo XXI al reconocer el derecho a la protección a criaturas animales superiores, como los chimpancés[59]. Ya hoy, en la segunda década del siglo XXI, está claro que el desarrollo de la inteligencia artificial logrará en muy poco tiempo, alrededor de un lustro, la capacidad de inteligencia de los simios superiores. La técnica de humanización de la apariencia de robots específicos, por su parte, ha llegado a construir mecanismos robóticos de aspecto exterior cada vez más similares a los seres humanos[60].

Saya, la maestra-robot japonesa
Foto: "mundo52.com"

Tal vez es preferible detenerse en este punto, porque es imposible acertar aunque la proyección de las tendencias –milenarias, centenarias, decenales y anuales- lleve hacia allí. Se acerca cada vez más la confluencia de la evolución biológica humana con la evolución tecnológica y queda tan cercana en el tiempo como –hacia atrás- fue el cambio de milenio del 1999 al 2000, pero resulta demasiado alejado de nuestra actual percepción de la realidad como para pretender su aprehensión adecuada.

A pesar de su cercanía inexorable en el tiempo cronológico, está tan alejada de la percepción humana general como lo sería para un hombre de las cavernas imaginar el viaje sobre el lomo de un animal domesticado, o en vehículos

[59] http://www.lanacion.com.ar/1725226-personas-no-humanas-el-pedido-por-los-chimpances-que-analiza-la-justicia

[60] http://mundo52.com/tech/saya-la-maestra-robot

arrastrados por animales conducidos por la voluntad humana, o en vehículos auto-motorizados, o en barcos gigantescos movidos por motores, o trasladarse en vehículos autosustentados en el aire. Sería tan extraño como para Aristóteles pensar en viajar a la Luna o al espacio exterior, más allá de la "esfera de las estrellas fijas" donde moraban los dioses, en naves espaciales, o para los filósofos medioevales contar con respuestas para cada interrogante que se le ocurra con solo preguntarlo a una máquina, que responderá en una pantalla o con una voz artificial. La diferencia es que el tiempo que separaba aquellas realidades era de centurias y muchas generaciones, mientras que en la actualidad en el transcurso de una sola generación humana se producen cambios sustancialmente más dramáticos que aquellos seculares o milenarios.

Es difícil no sentir reminiscencias, este punto de confluencia que entre los científicos que estudian el tema ha cobrado el nombre de "singularidad", de una semejanza con el concepto de "noosfera" que definía hace casi cien años el teólogo y científico católico Theilard de Chardin, cuando hablaba del "Omega" como punto de llegada de la evolución humana, consistente en una esfera de conocimiento, reflexión, sentimiento y "alma" que abarcara a toda la humanidad[61]. Justamente este "sabor" a una especie de religión tecnocrática es uno de los aspectos criticados por aquellos que se resisten a admitir las implicancias del actual cambio tecnológico en el plano de la identidad humana.

No seguiremos avanzando en la reflexión, porque produce la sensación de estar pisando en arenas movedizas, alejadas del verdadero objetivo de este trabajo, que es unir el avance científico con la reflexión político-social a fin de encontrar líneas de interpretación y de trabajo. Si hemos llegado a insinuarlo en las líneas que preceden, es simplemente porque cualquiera resulte ser su alcance y profundidad ya no resulta un escenario tan lejano ni imposible, y porque puede arribarse a él en el transcurso de menos de una generación. En otros términos: lo protagonizará el 80 % de los seres humanos que hoy viven en la Tierra.

Dicho lo cual, volvemos a la mitad de la segunda década del siglo.

¿Debemos incorporar el abordaje de esta nueva realidad evolutiva científico-técnica a la reflexión política-social? Y en caso de respondernos

---

[61] Theilard de Chardin, "El fenómeno Humano", colección Ensayistas de Hoy, Ed. Taurus, Madrid, 1965, p. 305

afirmativamente ¿qué debemos hacer, teniendo en cuenta que aún tenemos necesidades básicas de amplios sectores humanos aún sin cobertura y sufriendo necesidades que eran propias de tiempos históricos –alimentación, educación, salud, vivienda, seguridad personal- afectándolos?

Pero a la vez, ¿cómo imaginamos la velocidad de impregnación de las nuevas tecnologías en esta sociedad fragmentada y desigual, a la luz de lo ocurrido con la rápida masificación y adopción de las últimas, llegadas en estos tres lustros de cambio de siglo: la Internet, las computadoras personales y los teléfonos celulares? ¿Cómo será la sociedad que se está conformando? ¿Cuáles serán sus niveles de equidad e inclusión y cuáles serán los nuevos mecanismos de apropiación y de distribución de ingresos? O, más grave aún, ¿Cuáles son las chances de que la humanidad sobreviva a este desarrollo?

Por esas incógnitas, la respuesta al interrogante sobre su abordaje reflexivo debe ser afirmativa. Y lo que "podemos" hacer –destacando el foco en el plural- comienza por la toma de conciencia.

Parece necesario terminar este capítulo con un llamado a la reflexión realizado en enero de 2015 por cien científicos y empresarios tecnológicos de primer nivel en el mundo, entre los cuales se encontraban naca menos que Stephen Hawking, Bill Gates y Elon Musk, alertando sobre los peligros de la inteligencia artificial desarrollada sin regulación ni control[62]. Hawking, en diciembre de 2014, había realizado una afirmación aún más preocupante: según su evaluación, la inteligencia artificial avanzada puede provocar "el fin de la raza humana"[63].

Planteado el debate sobre la necesidad de prever y orientar el desarrollo de la Inteligencia Artificial, y aun teniendo en cuenta la dificultad que implica regular políticamente el avance de un campo científico que se apoya en la propia inteligencia, el mayor significado de estas alertas es buscar la toma de conciencia social y política sobre las implicancias de un proceso que, guste o no, ya está entre nosotros en pleno desarrollo.

---

[62] http://futureoflife.org/AI/open_letter

[63] http://www.rtve.es/noticias/20141202/stephen-hawking-alerta-sobre-peligros-inteligencia-artificial/1060107.shtml

Capítulo 6. Los límites de nuestras opciones

Recapitulando

La humanidad está atravesando un umbral de aceleración imprevisible en sus consecuencias, aunque con indicadores que marcan su creciente complejidad, a un ritmo exponencial.

La punta de lanza de esta aceleración es el desarrollo científico técnico, que impregna todos los campos de la vida: económico, biológico, social, administrativo, político, militar, médico, trabajo, agricultura, industria, mercados financieros, artefactos hogareños, comunicaciones, interacción entre las personas y el conocimiento, confluencia entre la inteligencia humana y la inteligencia artificial, etc. etc. etc.

Esta realidad se ha instalado ya en la vida cotidiana. Internet, teléfonos inteligentes, redes sociales, maquinarias agrícolas manejadas a través de Internet, maquinas industriales robotizadas, automóviles con equipamiento altamente informatizado, rápida evolución de la tecnología de consumo en audio, video y videojuegos, equipamiento portátil –tabletas, accesorios portátiles-, cámaras de seguridad, por mencionar sólo algunos de los campos en que ya la revolución científica técnica apoyada en la información ha impregnado la realidad que viven las personas comunes.

Y, de cara a la realidad argentina:

El escenario que se avecina no forma parte de la reflexión social. El "país político" ignora formalmente este marco y su agenda gira alrededor del debate sobre las valoraciones históricas y los problemas coyunturales. La consecuencia es que sus efectos llegarán en forma anárquica, según los impulsos del mercado, del efecto demostración trasladado por los medios de comunicación y por las redes sociales.

Sin embargo ese escenario se acerca, indiferente a la reflexión que cada uno realice sobre él. Afectará a la economía, a la medicina, a la asistencia social, a la cantidad de trabajo, a la productividad, a los estilos de vida, a la seguridad.

Necesitamos semillas híbridas y fertilizantes. Necesitamos medicamentos con drogas agregadas diariamente al vademécum disponible, que debemos adquirir en sus países de origen. Necesitamos maquinarias industriales robotizadas, que reducen el costo y permiten agregar competitividad a una producción que debe estar en condiciones innovativas óptimas, para tener chances de acceso exitoso al mercado global. Necesitamos equipamiento informático con tecnología de complejidad exponencial. Necesitamos partes para la producción electrónica armada en el país. Necesitamos el equipamiento sofisticado de los automóviles de última generación tecnológica, hoy agregado hasta en los autos de menor gama. Y así hasta el infinito.

En la Argentina, a pesar de las políticas pro-aislamiento tomadas desde 2003, esta impregnación ha sido constante -aunque desigual- en el sector privado y ha mostrado la capacidad de adaptación de una sociedad con predisposición a incorporar novedades en forma rápida, aún a pesar de los obstáculos que se le presentan desde las políticas públicas.

¿Deberemos seguir comprando semillas, fertilizantes, tecnología agropecuaria, equipamiento industrial, insumos para las fábricas, ferrocarriles, autopartes, químicos industriales, partes de electrónica de consumo, consumos alimentarios Premium, relojes, computadoras, notebooks, servidores para intranets y para Internet, cámaras y equipos de seguridad, armas, lentes y ópticas, lámparas y luminarias LED, equipamiento de paneles solares altamente eficientes, equipamiento de extracción hidrocarburífera, centrales nucleares "llave en mano", etc. etc. etc.?

¿Con qué recursos lo haremos? ¿Sólo vendiendo soja?

¿Seguiremos construyendo un país que reduzca su debate político a la discusión de quién se queda con la ganancia de la soja arrebatada a los chacareros y productores agrarios? ¿Hasta cuándo puede proyectarse ese modelo en un mundo que, como resultado de la investigación científica y técnica, ya está en el umbral de hasta fabricar carne en forma artificial, cultivar cereales por hidroponía en garajes o galpones y generar energía gratis –o poco menos- captando la radiación solar y el viento?

¿O asumiremos la decisión de frenar la modernización por la falta de recursos, incrementando las barreras a la imbricación tecnológica global, "cerrando" el país y, en última instancia, recorriendo un camino de aislamiento y atraso tecnológico y social que trate de forzar el regreso de la sociedad a la primera mitad del siglo XX?

¿O, por el contrario, decidiremos dar el gran salto adelante, abrir y potenciar nuestra imbricación con las usinas globales de conocimiento –universidades, empresas, investigadores, publicaciones- que nos permitan participar en las cadenas globales de valor, de tecnología, de financiamiento, de comercio, de producción y de avances de conocimiento del mundo globalizado, y de esta forma incrementar nuestra producción incorporándole todos los avances de la ciencia y la tecnología?

Estas preguntas nos conducen a la reflexión central de este artículo: el papel de la ciencia y el desarrollo científico técnico en los próximos años. Y su gestión.

La experiencia de las últimas décadas sugiere que los países que han logrado dar el gran salto desde situaciones de extrema pobreza hacia sociedades dinámicas, lo han hecho sobre el fuerte soporte de la masificación de su educación y el desarrollo de su sector científico-técnico.

El sudeste asiático comenzó su desarrollo hace cuatro décadas. Hoy, aún con sus graves falencias, profundiza año a año su presencia en el comercio mundial especialmente basado en productos de alta tecnología fabricados en precios accesibles para las grandes masas de todo el mundo. Han apoyado en este dinamismo un crecimiento económico sostenido que les ha permitido mejorar en forma sustancial la calidad de vida de sus poblaciones. Corea, Taiwán, Singapur, Malasia, Hong Kong, antes Japón y ahora China y hasta Vietnam, son testimonios del fuerte efecto de la ciencia y la tecnología haciendo simbiosis con el mundo en un aprovechamiento virtuoso del mercado global.

Los países que prefirieron apoyar su bienestar en la sobreexplotación de sus recursos naturales o ignorar su imbricación internacional virtuosa no han logrado destacarse ni trascender por encima de la distribución de sus rentas. La situación es sumamente crítica para aquellos que cuentan con recursos no renovables –petróleo y gas-, cuyo agotamiento sin ser reemplazados por fuentes de riqueza alternativas autosustentables los lleva inexorablemente a un final traumático. Los desórdenes políticos y sociales que muestra el mundo árabe no son ajenos a esta percepción.

El –triste- contramodelo a una sociedad abierta, moderna y competitiva lo podemos observar en la propia situación cubana, tan cercana en los afectos a la mayoría de los argentinos. A más de medio siglo de su revolución, y a pesar de sus gigantescos esfuerzos educativos, no ha logrado llegar a los índices de ingreso por habitante que tenía en los tiempos previos al derrocamiento de Batista.

El patético ejemplo de 1999, de Fidel Castro mostrando la olla a presión comprada a China como el gran logro de la revolución para mejorar la vida a los cubanos gastando menos energía[64] es tal vez la muestra paradigmática del precio del encierro, de la subordinación de la ciencia y la tecnología a la conducción política, encadenando la libre investigación y cerrando la imbricación de sus iniciativas científicas y técnicas con la marcha del mundo. Pero también la muestra de hacia dónde conduce la visión rentística –esta vez, dependiente de la "ayuda" externa- como visión de largo plazo.

La visión rentística no se presenta en forma idéntica en todos los países en los que predomina, ya que depende de su base de sustentación. Los países petroleros extraen sus rentas de la sobreexplotación de sus yacimientos: las cargan en la cuenta de su futuro; los que pueden utilizar recursos renovables en condiciones favorables lo hacen de la expropiación de las rentas a los sectores que la producen –como la producción agropecuaria-, lo que genera tensiones sociales y un atraso relativo más lento y estructural, cual una agonía eterna, ante las limitaciones que esta expropiación mal utilizada provoca en la capacidad de modernización tecnológica –y en consecuencia, de competitividad- en el primer eslabón de la cadena.

Los países que extraen sus rentas del turismo –como España y Grecia- tienen escasas medidas a su disposición en casos de crisis y dependen fuertemente de los mercados emisores; como sus poblaciones se han acostumbrado a determinados niveles de ingreso que, al verse afectados, las lleva a sobreendeudarse, terminan cayendo en manos de mecanismos financieros usurarios del mercado global y, al final del camino, al estallido de las crisis que pone en fuerte controversia hasta los niveles de sus propias soberanías.

Por el contrario, las economías que enfrentan crisis pero han mantenido su sector científico-técnico en marcha en sintonía virtuosa con sus sectores

[64] http://www.martinoticias.com/content/ollas-chinas-otro-entuerto-de-fidel-castro/30334.html

productivos son las que más rápidamente pueden responder a situaciones de crisis. Los ejemplos de Irlanda[65], en Europa, y de Estados Unidos[66], en América, son una muestra.

El primero de los mencionados fue duramente golpeado por la crisis financiera del 2009, pero su portentoso desarrollo en el sector informático le permitió encontrar rápidamente el camino para salir del atolladero. Y la economía norteamericana, golpeada en el 2008 por la crisis de las hipotecas "sub prime", fue la que más rápidamente pudo volver a poner en marcha su industria, su agro, su comercio internacional y sus propios mecanismos financieros con inteligentes medidas de estímulo conjugadas con un renovado impulso a su sector científico técnico, que la colocó nuevamente en la vanguardia de la productividad global. La recordada y eufórica sentencia de Hugo Chávez pronosticando el fin del capitalismo mundial[67] y el lanzamiento de la economía venezolana ("aquí el capitalismo está herido de muerte y lo vamos a enterrar") choca hoy -2015- con una economía venezolana colapsada al haber apostado a la sobreexplotación de su petróleo como única variable de sustentación, frente a una economía norteamericana que se refleja en la fortaleza creciente de su moneda[68].

En la Argentina no es necesario inventar la pólvora. Con una fuerte reserva agropecuaria aceptablemente modernizada en términos tecnológicos, está en condiciones de apoyar un gran salto científico-técnico en los recursos que mal-utiliza en razón de su deficiente sistema de organización político-rentístico institucional.

El extravagante mecanismo sobre el que se ha organizado la economía argentina –extraer rentas de sus regiones y sectores productivos y desestimular su economía emprendedora para sostener la distribución clientelar y parasitaria en las regiones clientelizadas entre aparatos políticos y producciones obsoletas- conduce a la desatención de sus recursos –reales y potenciales- de creatividad

---

[65] http://www.elheraldo.co/economia/irlanda-el-milagro-de-su-recuperacion-economica-146272

[66] http://www.infobae.com/2014/11/06/1606914-la-ocde-pone-los-estados-unidos-al-frente-la-recuperacion-economica-mundial

[67] http://spanish.china.org.cn/international/txt/2009-05/02/content_17710123.htm

[68] http://www.lanacion.com.ar/1772885-no-afloja-el-dolar-y-wall-street-ya-vuela

científica y técnica, virtualmente sin relación con su economía salvo contadas y saludables excepciones sostenidas con muy poco apoyo público y fuerte esfuerzo personal.

Capítulo 7. Confluencia del análisis político-social con el científico-futurista

Al comienzo mencionaba la forma en que era abordada la agenda científica en los análisis políticos.

Volviendo a ese punto, podemos notar dos miradas:

La primera, que consideraba a la agenda científica como un campo del cual las políticas públicas debían desinteresarse, porque correspondían centralmente –y exclusivamente- al sector privado, sea el económico como el del mecenazgo.

La única responsabilidad pública que se aceptaba con algún vínculo al área científico-técnica era la formación básica de las personas, a las que en la educación formal les reservaba un capítulo, no demasiado jerarquizado, relacionado con las ciencias –naturales, biológica, físico-químicas-. Y, en todo caso, el respeto intelectual a los investigadores que desarrollaban ciencia básica en las Universidades.

El enfoque epistemológico de esa educación en los jóvenes era la de transmisión de conocimientos estáticos, con poco acento en el cambio de paradigma y en la dinámica de sus procesos de evolución interna. En todo caso, si estos aspectos se abordaban, lo era en el marco descriptivo-sucesivo de la historia de la ciencia, sin mayores indagaciones sobre los motores de la evolución sino más bien como una descripción de los hitos sucesivos que fue protagonizando el conocimiento en el viaje civilizatorio de la humanidad –el fuego, la rueda, la domesticación del caballo, la agricultura, la pólvora, la imprenta, la brújula, etc. etc.- Simplificando –exageradamente- el concepto, podría identificarse esta mirada con el tradicional enfoque liberal decimonónico de la sociedad argentina.

La segunda era más proactiva. Consideraba a la ciencia y la técnica como componentes del "proceso productivo" cuya confluencia debía impulsarse a través de políticas públicas que estimularan el desarrollo de la ciencia y la investigación, tanto de base como aplicada (en esa época, se distinguía entre ambas, lo que en décadas posteriores dejó de hacerse en forma tan nítida).

En tiempos de los paradigmas políticos de total hegemonía de los "estados nacionales", tales políticas y tal confluencia debía dirigirse a lograr la mayor "autonomía" posible del marco nacional, "vis a vis" con la realizada en el resto del mundo y, en casos puntuales, con la que se efectuaba en los que se consideraran rivales históricos del marco nacional de referencia.

Su paradigma orgánico fue el CONICET, que no en vano surgió a mediados de siglo pasado. Se daba en una época en la que la forma en que se generaban los conocimientos estaba relacionada con la lucha geopolítica. Se entendía en forma predominante que la independencia nacional requería una ciencia nacional que abasteciera desde la fabricación de armamentos hasta la construcción ferroviaria, desde la construcción naval hasta la totalidad de la industria de consumo. La simplificación –también exagerada, como la anterior– podría vincular este enfoque con la concepción "nacional-populista", de moda a mediados del siglo XX.

Ninguna de ambas concepciones entendió a la ciencia y la técnica como motores de un proceso universal de la civilización, o del progreso de la humanidad en su conjunto. No era el estado cultural predominante. El debate en el escenario público se centraba en otros temas de agenda, considerados por la mayoría –de la opinión pública, del sistema académico, de los propios actores principales del proceso social– más importantes, urgentes y merecedores de la atención general.

Sin embargo, la ciencia y la técnica siguieron funcionando en el mundo como locomotoras del avance social. Con o sin el apoyo estatal, se abrieron paso y terminaron definiendo, desde el centro de la escena, el ritmo de la maduración de los paradigmas productivos y de su cambio, cuando llegó el momento de su agotamiento. Fue una ciencia y una técnica cosmopolitas, globales, que atravesaron fronteras, aún las más firmes, como la soviética-norteamericana durante la guerra fría.

El viejo análisis político apoyado en la dinámica de las clases sociales, sistematizado por Marx a mediados del siglo XIX y alrededor del cual giraron los análisis y los conflictos del siglo XX, reconocía en lo intelectual la importancia del avance científico-tecnológico, pero las políticas públicas que inspiró no lo calificaron más que como merecedor de capítulos marginales de los relatos en pugna.

Las sociedades auto-designadas "democracias populares" o de "socialismo real" concentraron sus indagaciones en el conflicto ideológico y militar con el mundo occidental, en el que sin embargo debe reconocerse que se produjeron los mayores avances, en razón de la mayor cuota de libertad científica para fijar, en el marco de una sociedad civil plural, los temas de indagación. En rigor, fue el desarrollo científico técnico la causa última y más profunda que desniveló la guerra fría y proclamó el triunfo del mundo occidental y la implosión de las "democracias populares".

El eje de los conflictos políticos al interior de las sociedades de ambos campos no se relacionó, sin embargo, con la reflexión científica. Fueron la distribución del ingreso, la extensión de las políticas sociales, la amplitud de la expansión estatal de la economía, el grado de "independencia" y "autonomía" de los respectivos marcos nacionales, la extensión de la libertad personal, pero muy raramente la indagación y la propuesta sobre el efectivo papel de la acumulación de conocimientos científicos y tecnológicos en la marcha de fondo, estructural, del proceso social.

Sin embargo, esas discusiones permanentes sobre el ingreso y el poder eran, en rigor y de cara a la evolución humana de largo plazo, meras discusiones "de retaguardia", con un capítulo en blanco o un gran vacío en los sectores de vanguardia, los que marcan el rumbo del desarrollo integral, que giran alrededor de los desafíos del conocimiento. Hasta los sectores marxistas, que en la teoría destacaban el papel del desarrollo tecnológico como motor de la acumulación capitalista, carecieron de políticas públicas en las sociedades que gobernaban que estuvieran en consonancia con estos postulados teóricos.

No se advirtió, por ejemplo, que el desarrollo de las comunicaciones permitiendo la transferencia de recursos financieros virtuales en tiempo real fue el gran detonante del cambio global, en la séptima década del siglo XX, provocando la aceleración que definiría a los triunfadores y perdedores de un contencioso que había mantenido al mundo en vilo desde el fin de la Segunda Guerra Mundial. Tampoco se advirtió el cambio de paradigma productivo que ya adelantaba la primera aplicación de la revolución de las telecomunicaciones: la liberación del capital financiero del cepo de los Estados Nacionales y su instalación en un mercado global funcionando en tiempo real durante las veinticuatro horas del día.

Las construcciones teóricas y políticas en pugna se asentaron, para más, todas en un supuesto que ni siquiera fue objeto de reflexión: el de la inagotabilidad de los recursos del planeta. La ausencia de límites objetivos al crecimiento por agotamiento de los recursos fue un sobreentendido para el capitalismo y para los diferentes sistemas alternativos –socialistas, marxistas o nacional populistas-[69]

Los diferentes sistemas imaginaban caminos de crecimiento que escribían sus "debe" en la cuenta del planeta. El calentamiento, la polución, la extinción de la biodiversidad, el agotamiento de los recursos, no fueron advertidos ni por el capitalismo ni por el socialismo, ni mucho menos por la superficial banalidad del "nacional-populismo". Todos estos temas de agenda se presentaron en forma abrupta al finalizar el siglo XX, ante una humanidad que tomó conciencia de ellos aceleradamente gracias a la red de información en tiempo real que cubre el planeta.

De pronto, quemar petróleo nos terminará asfixiando. El uso indiscriminado del agua dulce reducirá la sustentabilidad biológica de la vida. El clima global se conmueve con tormentas, huracanes, inundaciones y sequías que antes eran excepcionales y se han convertido en cotidianas. Los recursos minerales "raros", imprescindibles para las nuevas tecnologías, son saqueados[70]. Entre ellos, muchos que son irreemplazables, como el litio, manganeso, magnesio, itrio, rodio, renio, talio, así como varios metales de tierras raras (lantano, europio, disprosio, tulio e iterbio).

La diversidad biológica se reduce a un ritmo y profundidad que supera el de las cinco grandes extinciones de la historia geológica del planeta[71]. Las anteriores extensiones masivas de la vida en la tierra se extendieron durante millones de años. La actual, que los científicos califican como la "sexta extinción", comenzó aproximadamente hace 13.500 años, que en tiempo geológico son

---

[69] http://mambienteytecnologia.blogspot.com.ar/2014/05/los-10-paises-mas-contaminantes-del.html

[70] http://actualidad.rt.com/economia/view/116838-economia-mundo-depende-metales-raros

[71] https://bibliotecadeinvestigaciones.wordpress.com/ecologia/las_5_extinciones_en_masa/

apenas instantes, y mantiene un ritmo acelerado debido a la acción de una de las especies más agresivas e invasivas de la historia: los humanos.

Se agotan las superficies cultivables por su sobreexplotación. Las tierras fértiles son erosionadas por el desmonte irrestricto[72]. Para enfrentar todos estos problemas, el aporte científico-técnico es más necesario que nunca.

El tema no es menor, porque agrega a la reflexión política un ingrediente muy limitado en los viejos análisis: la cooperación. No se trata más de una "suma cero", en la que para mejorar a unos hay que sacar a otros –y, todos juntos, a la casa común-. Como consecuencia de esa actitud la reflexión política tenía como ingrediente fundamental la lucha constante con sus derivados: quienes contra quienes, estrategias de acuerdos de bloques, frentes sociales adversarios, contradicciones en lucha permanente, ganar o perder.

La nueva realidad incorpora un dato objetivo que, si no es tenido en cuenta, convierte a todos en perdedores. Nos quedaremos sin planeta donde vivir.

Si la política de los antiguos paradigmas llevaba ínsita la lucha constante, la de la nueva etapa requiere una base de coincidencias común, sin la cual todas las luchas serán inútiles[73]. Esa base, una vez más, debe asentarse sobre el conocimiento científico y tecnologías compartidas.

Hoy la evolución de la reflexión política choca con esta realidad y debe asumirla. De pronto se encuentra con que el febril ritmo del crecimiento económico planetario genera consecuencias no deseadas que afectan a todos.

Pero, a la vez, el horizonte previsible proyectando las tendencias globales históricas nos anuncia que en un par de décadas la pobreza puede haberse erradicado del planeta debido a la reducción de costo de los procesos productivos apoyados en la revolución científico-técnica.

Esta buena noticia para la humanidad es, sin embargo, inquietante para países que viven –o vivimos- de la renta agropecuaria obtenida por la feracidad del territorio extraída por la capacidad de trabajo y dedicación empresarial del sector más productivo del país, el agropecuario. Los argentinos no podremos

---

[72] http://www.fao.org/docrep/ARTICLE/WFC/XII/MS12A-S.HTM

[73] Beck, Ulrich. "La mirada cosmopolita o la guerra es la paz", Paidós, Estado y Sociedad 132, Barcelona, 2005.

comprar ya lo que necesitamos ni siquiera dedicando todas las tierras del país a sembrar soja para venderla al mundo, sin contar el desastre ambiental y social que produciríamos. Aún sin la Argentina la humanidad tendrá comida y habrá erradicado las hambrunas y la pobreza extrema.

Paralelamente, se observa y encuentra con la otra evolución, la de la capacidad de la inteligencia artificial creciendo a niveles exponenciales y permitiendo avizorar una proyección cercana de clara confluencia con la evolución humana, hacia la creación de híbridos en una especie de "nueva humanidad", crecientemente "ciborg-izada". No dentro de varios siglos, sino dentro de apenas un par de lustros.

Si al comienzo de este trabajo se formulaba la pregunta sobre si era o no pertinente incluir la reflexión sobre la evolución científico-técnica en un capítulo importante de la política-social, la respuesta a esta altura y luego de haber pasado revista muy someramente en un sobrevuelo que puede ser desagregado casi al infinito con coincidencias en lo medular sobre el avance científico-técnico la respuesta se impone: obviamente debe hacerse.

Hasta ahora el pensamiento socio político enfocaba y tenía en cuenta las perspectivas sobre el crecimiento demográfico, sobre el perfil energético en las próximas dos o tres décadas, las alternativas que enfrentará la humanidad por las limitaciones en la producción y desigual distribución de alimentos y agua potable. Lo hacía simplemente extrapolando, en forma lineal, las tendencias de las últimas décadas.

Hoy no hay justificación alguna para no observar y someter a reflexión el horizonte científico técnico que anuncia este exponencial crecimiento, en progresión geométrica, en la capacidad de procesamiento de información y tendencia a la confluencia entre la inteligencia artificial y la inteligencia biológica. Ese horizonte cambió el ritmo de la tendencia y cambiará su propia naturaleza.

El tema que ocupó la primera parte de este trabajo, la aceleración del ritmo de acumulación y desarrollo científico técnico, aquello que hemos denominado "unidad de densidad del cambio", no concitó atención en ninguna de las expresiones político-ideológicas que lucharon por su hegemonía o predominio en el siglo XX.

Sin embargo, a pesar de ello, el siglo XX fue el punto de inflexión del desarrollo de la humanidad.

El siglo XXI es el del gran lanzamiento hacia un nuevo paradigma de ser humano y de humanidad. No sabemos cómo terminará. Sí sabemos cuál es su motor profundo: el desarrollo científico técnico.

El avance pone en tensión tradicionales conceptos de la propia economía. Dos líneas de razonamiento parecen contraponerse en el análisis de comienzos del siglo XXI: la optimista, que sostiene la inexorabilidad de un mundo que a raíz de su desarrollo tecnológico logrará en pocas décadas solucionar todas sus necesidades vitales, y la pesimista, que proyecta las tendencias a la concentración económica y la ampliación de la brecha entre los extremos de los niveles de ingreso social.

Ambas se apoyan en cifras que reflejan también realidades. Sin embargo, sus heraldos prolongan los razonamientos lineales hasta escenarios extremos, en el primer caso desembocando sin tensiones en un mundo feliz, y en el segundo prefigurando una sociedad fragmentada, violenta y excluyente, en el que el bienestar estará reducido a muy pocas personas dueñas de la riqueza global.

¿Cómo incide estas verdades y reflexiones, descarnadas y contradictorias, sobre el análisis estratégico?

Hacia la nueva política

En mi trabajo "En busca de la política", de download libre en formato e-book ("http://stores.lulu.com/lafferriere"), se analiza el cambio sustancial de la política como actividad, como emergente de un paradigma social en el que las identidades múltiples y las "identidades de guardarropa" han ido reemplazando cada vez más a las rígidas adhesiones ideológicas o emocionales del mundo industrial.

Las personas tienen hoy una fuerte reivindicación de su libertad, que trasciende antiguas simpatías y divisas. No han decretado la "muerte de las ideologías". Por el contrario, las ideologías tienen más vigencia que nunca.

Sin embargo, se han retraído al plano personal, individual. Las personas reivindican fuertemente sus creencias, pero cuestionan con la misma firmeza la imposición de una ideología desde fuera de su autonomía, y mucho menos desde el poder. Tal vez ese es el gran cambio. En palabras de Ulrich Beck, las personas del nuevo mundo deben encontrar "soluciones biográficas para las contradicciones sistémicas"[74] y actúan en ese contexto.

Se trata de algo así como "ideologías personalizadas", que cada cual elabora según su inclinación y creencias, tomando de uno y otro de los antiguos plexos ideológicos valores que sincretiza según su reflexión y voluntad. Este sincretismo pasa por encima de las viejas pertenencias –de clase, de afinidades ideológicas, de pasiones partidarias- y forma ciudadanos con enormes diferencias pero también comunes denominadores parecidos. Las elecciones PASO porteñas en el 2015, en las que una fuerza que el escenario político consideraría "de derecha" (el PRO) ganó ampliamente en todas las "villas" más pobres de la Capital Federal son apenas un indicador de esta homogeneización del pensamiento y percepción ciudadanas.

No se trató de que los habitantes de las villas hubieran adoptado de pronto el "neoliberalismo", sino que intuían que las respuestas a sus problemas más acuciantes estaban más cerca en las alternativas que proponía la fuerza gobernante en la ciudad. En la elección siguiente, puede cambiar todo si su percepción cambia, y no habría en ese cambio ninguna "culpa ideológica".

Este cambio en la relación "ciudadano-representantes" es dinamita en el centro de gravedad de las antiguas formaciones políticas, fundadas en el "disciplinamiento interno", la "subordinación al interés partidario", el mayor o menor acatamiento a las "directivas" de las "conducciones", y, en última instancia, a la defensa más o menos intensa de "colectivos" que ya no existen como tales, o al menos no existen con la potencia de otras épocas.

Las personas, especialmente los jóvenes, no subordinan más sus opiniones y su decisión política a las "líneas" establecidas por los partidos, ni aún por aquellos

---

[74] Ulrich Beck, "Sociedad de riesgo global", Siglo XXI España Editores, 2006.

a los que adhiere. Tampoco a ideologías totalizadoras, de las que se desprendían en otros tiempos valores y normas de comportamiento con respuestas a cada problema de la vida. Las personas han asumido más rápidamente que las estructuras que la política basada en el "te quito" y "te doy" se agotó, y hoy es necesario poner el poder, inserto en el cambio de paradigma, al servicio de objetivos concretos, determinados en cada etapa y momento social, según las percepciones mayoritarias sobre las falencias principales de cada momento y las metas deseables, cuantificadas y definidas. La nueva realidad conspira contra la permanencia en las "lealtades" hacia colectivos, aunque no hacia las propias convicciones.

Al desaparecer estos alineamientos de la sociedad "dura"[75] la actividad política se ha transformado sustancialmente, tanto en su aspecto de conducción de los Estados, como de la argamasa que unía a las fuerzas partidarias.

La política, que desarrollaba su acción en el campo de los Estados Nacionales, coincidentes con la sociedad nacional y con un determinado territorio, se encuentra hoy fragmentada en sus competencias, que han desbordado hacia espacios supra, inter y sub estatales.

El proceso repercute en la impotencia de la política interna, que es percibida por los ciudadanos, abriendo varios fenómenos que no es el momento de analizar, aunque sí de recordar: el afianzamiento de la "democracia de audiencias" (B. Manin)[76] y de la "contrademocracia" (P. Rosanvallon)[77], en cuyo sustrato se encuentra la reivindicación de las esferas privadas y de las decisiones personales de los ciudadanos recelando tanto de las concentraciones económicas como del poder estatal.

La legitimidad de origen de los gobiernos, apoyados en el voto, se ha separado en la conciencia de los ciudadanos de su legitimidad de ejercicio, que éstos ejercen sin trauma alguno a través de innumerables escalones de participación, reclamos, exigencias y demandas –petitorios, reclamos masivos en las redes sociales, movilizaciones de espectro amplio, convocatorias sobre demandas puntuales, piquetes, cortes de calles, judicialización de medidas de gobierno,

---

[75] Zygmunt Bauman, "Sociedad líquida", Fondo de Cultura Económica de España, Mexico, 2002.
[76] Bernard Manin, "Los principios del gobierno representativo", Alianza Editorial, 2006.

[77] Pierre Rosanvallon, "La contrademocracia – La política en la era de la desconfianza", Manantial, 2007.

etc.- que no implican remoción de los encargados de la gestión, sino la adopción de una u otra determinada política pública.

En el nuevo tiempo y por encima de cualquier supuesto legal, la designación o elección de un gobierno a través del voto es "separada" de cualquier "delegación" ciudadana en los temas que las personas consideran como su derecho inalienable, que conservan celosamente y ejercen aún en contra de lo que decida o impulse el gobierno que ese mismo ciudadano ha votado, generando nuevos e interesantes interrogantes a los politólogos sobre el funcionamiento de la institución de la "representación" política.

Hacia la nueva economía

Esta realidad en pleno cambio, es coherente con el cambio en el paradigma económico productivo de una globalización acelerada, sobre el motor del crecimiento científico técnico que muestra, como vimos, un ritmo exponencial. El cambio es un amplio y abarcador abanico de una realidad compleja, de la que destacaré en especial el relacionado con la nueva riqueza: la información.

Los grandes apropiadores del ingreso global han cambiado. No son ya tanto los viejos rivales de las luchas sociales del siglo XX, aunque todavía quedan restos de esas luchas que deben ser saldadas. Hoy el ingreso global depende crecientemente de las nuevas tecnologías. Las cuatro más grandes corporaciones globales son Apple, Amazon, Facebook y Google.

Los nuevos grandes afortunados en esta marcha no son los dueños de los ferrocarriles, las acerías o las fábricas de autos. Sus paradigmas actuales son los nuevos ricos de Silicon Valley, los que diseñan plataformas y aplicaciones, los que ponen en el mercado nuevos "sitios" que recaudan fortunas en pocos meses, y fundamentalmente los dueños de los grandes nodos computacionales en condiciones de recaudar el "big data" (datos masivos) de miles de millones de pequeñas operaciones y transformar esos miles de millones de datos individuales en información cruzada, procesada, perfilada.

Con ella se ubican en el centro del funcionamiento del nuevo sistema global, y de ella dependen los que venden pantallas planas, armas, químicos o automóviles. Los que comercializan prendas de vestir, cosméticos, ropa de moda y bienes del hogar. Los que ponen en el mercado las últimas novedades del consumo tecnológico masivo, o quieren montar un emprendimiento en la red.

Los primeros en aprovechar las particularidades de esos grandes "rastrillos" de datos, sistematizarlos a su manera y generar con su uso mega-ganancias desproporcionadas fueron los grandes bancos, organizando "derivados" y "apalancamientos" que –en los papeles- parecían sólidos, respaldados por formidables construcciones estadísticas y matemáticas, pero que se derrumbaron como lo que eran –papel, sin contrapartida en la economía real- apenas el temor generó la estampida del 2008, de la que a más de un lustro el mundo no ha terminado de salir.

Son los grandes apropiadores de una riqueza cuyo valor pocos han advertido y que, en consecuencia, pasa desapercibida aunque esté inserta en un mecanismo cuyas consecuencias son la automatización que abarata costos y destroza trabajos.

Cada vez son más las actividades en las que sus ejecutores tradicionales son reemplazados por los sistemas automatizados de información. La rentabilidad de las diferentes actividades es desplazada hacia "el sistema", colocado en el centro de la captación de los ingresos de las empresas, mientras los prestadores de los servicios a los usuarios ven caer sus remuneraciones y disminuir la cantidad de fuentes de trabajo ante la sistematización administrativa generada por los servidores centrales.

Algunos pueden responder: es el fenómeno tradicional del avance científico técnico. Así surgió el capitalismo. Así crecieron los países industriales. Y es cierto.

La novedad con este nuevo cambio de sistema es que los trabajos destruidos no son reemplazados por nuevos eslabones especializados, en un nivel tecnológico más alto. No se dedican a fabricar máquinas que fabriquen máquinas –esto es realizado, cada vez más, por otras máquinas-, sino que festejan la imprevista reducción de los costos de lo que compran, hasta que de pronto se quedan sin el trabajo que les permitía esos gastos.

¿Cómo no alegrarse de acceder a zapatos chinos a mitad de precio? ¿Cómo estar desconformes con la cantidad de pequeños "lujos" que llegan hoy, industrializados, de Oriente como dentro de algunos años llegarán de África, permitiendo adornar el hogar con artefactos impensados? ¿Cómo no estar satisfechos con la ropa de moda y barata recibida de Malasia, Vietnam o Camboya? ¿Cómo negarse al avance que significan los celulares "truchos" – idénticos a los "legales" pero a un cuarto de su precio-, los equipos de música o de video o las tabletas, que llevan la modernidad a hogares marginales?

En lo profundo de las crisis económicas sucesivas que hemos estado viviendo en el siglo XXI, además del desborde financiero-especulativo, está la automatización acelerada, aunque en el medio se encuentre la superexplotación de la mano de obra –semiesclava, de niños o de mujeres- en países que atraviesan la etapa de su acumulación originaria.

La automatización ya no es una característica de la etapa de la producción, sino que se extiende al marketing y a las ventas, es decir al campo de realización de la ganancia. Las operaciones de marketing son desplazadas hacia sistemas direccionados en forma personalizada, utilizando los datos almacenados o adquiridos de los usuarios finales para hacerles llegar una promoción individualizada. Las ventas, por su parte, se realizan crecientemente por Internet, también mediante sistemas informatizados de compra y de pagos. Miles de empleos en ambos extremos desaparecen, siendo reemplazados por la acción avasallante de las máquinas.

¿Esto está mal? ¿Es el fruto del progreso? Lejos estoy de cuestionar el avance tecnológico, la reducción del peso del trabajo no deseado o no creativo, o del acercamiento a una humanidad liberada del trabajo obligatorio. Pero ese avance no puede ser realizado en el altar de la "pura tecnología", sino que junto a él deben diseñarse los mecanismos socio-económicos que hagan mejorar la vida de las personas, no su sufrimiento –sea por su reducción salarial, o por la lisa y llana desaparición de su fuente de trabajo, sin ser reemplazada por nuevas-.

El sistema así construido marcha hacia un callejón sin salida, porque el progreso acelerado que se anuncia y se observa conducirá a una sociedad sin consumidores por su ausencia de ingresos. Habrán sido desplazados de sus trabajos –y en consecuencia, de sus haberes- por la pura tecnología. Y ésta no necesita alimentarse, curarse, viajar, divertirse, disfrutar del arte, leer un libro o disfrutar de la música. Puede avizorarse en el largo plazo, de avanzarse en ese rumbo, una economía totalmente automatizada pero estancada con una capacidad de producción tendiendo al infinito, frente a un mercado de consumo raquítico, tendiendo a cero.

La aparición de servicios más diversificados y sofisticados actúa como paliativo, que no alcanza a esconder la pérdida del horizonte de estabilidad producido por los viejos trabajos típicos de la era industrial, cuyos ingresos son reducidos por la "estandarización", salvo los pocos salvados por la imprescindible personalización –como algunos especialistas médicos, creadores excepcionales o tecnólogos diseñadores de los servidores "sirena"-

El paisaje social se llena de Ingenieros convertidos en taxistas, sicólogas en nuevas institutrices de niños de familias ricas, abogados en oficinistas y médicos en enfermeros atendiendo las ambulancias de emergencias rápidas para pacientes asociados en seguros privados de salud, que fueron los "adelantados" del fin de la era industrial y se engrosaron con diseñadores de programas de juegos en red y aplicaciones de las más diversas comercializadas a través de las pocas y gigantes redes de pertenencia ("servidores sirena"[78], megaproveedores de contenidos, etc.) cuyos dueños son los nuevos ricos y mega-ricos del mundo virtual.

Jaron Lanier narra en su libro "¿Quién controla el futuro?" la anécdota, que dice haberle tocado presenciar, de la encendida y entusiasmante conversación de los CEO de Amazon Jezz Bezzos y de Google, Eric Schmidt, sobre las modalidades y futuros de los libros electrónicos, que son la nueva –y apasionante- forma de masificar la llegada bibliográfica a un mercado ampliado en proporciones geométricas. Tecnologías, formatos, controles, barreras al copiado, centralización, eran los ejes de una charla de varias horas, en la que lo que "molestaba", al final, era… esa odiosa necesidad del libro y de su autor. Justamente lo valioso de la actividad, lo más necesario y tal vez el único eslabón no rentable de toda la cadena, recibiría, tal vez, algunos centavos por la

---

[78] Jean Lanier, "¿Quién controla el futuro?", Debate, Barcelona, 2014, Cap. 5. Existe versión electrónica. Título original: "Who Owns the Future?

difusión de un trabajo que, sin embargo, generaría una ganancia superlativa a los dueños del sistema.

Lanier recuerda el momento como un disparador reflexivo, por haberse dado en un momento en que justamente él estaba tratando de terminar de darle forma a un trabajo de dos años de investigación, sistematización, organización de datos, redacción, corrección, de una obra que consideraba su gran logro como escritor. Para sus compañeros de panel, sin embargo, todo su aporte intelectual no sería más que un pequeño numerito, escasos centavos perdidos en contabilidades gigantes de un nuevo mercado global con un par de mega-dueños.

Como disgresión, es el punto de agregar una reflexión sobre la "propiedad" de los e-books, cuya aparición he aplaudido como camino democratizador de la transmisión informativa, pero que deben ponerse en contexto para matizar los entusiasmos. La reflexión viene al punto de la disponibilidad de los libros que se "compran" en las diferentes plataformas, vis a vis un libro físico. Este último se adquiere y es propiedad –absoluta, libre y total- de su dueño. Puede guardarlo, subrayarlo, regalarlo, venderlo, recortarlo. Puede convertirlo en su mayor tesoro, o en su memoria afectiva si lo ha recibido de alguien especial, o en algún momento especial. Puede valorarlo porque consiguió la firma de su autor con una dedicatoria. Puede simplemente disfrutar de ver su lomo en la biblioteca, aunque no lo relea durante años. Nadie puede impedirle hacer con él lo que le plazca.

Un e-book tiene indudables ventajas –no ocupa espacio, es accesible desde el lugar del mundo que se desee y su "dueño" puede llevarlo consigo junto a toda su biblioteca virtual-. Pero, como contrapartida, no puede disponer de él. No podrá obsequiarlo –salvo que lo compre exclusivamente para eso-. No podrá prestarlo –sólo estará al acceso de su cuenta virtual o de su soporte físico, bloqueado para ser transferido-. En algunos casos, no podrá leerlo en otra plataforma que aquella en la que lo adquirió –es decir, no podrá cambiar de proveedor y deberá estar siempre en el universo tecnológico del mega-servidor originario- bajo la opción de perderlo. Si la empresa donde lo adquirió cierra, o quiebra, o cambia su formato o su tecnología, sufrirá estos cambios sin muchas opciones, ya que a muy pocos se les ocurriría contratar abogados para participar en la quiebra como damnificado, o reclamar indemnización por sus libros desaparecidos. Todo esto, por supuesto, tiene soluciones, y no todos los proveedores siguen las mismas políticas, pero los riesgos exigen mayores prevenciones que con la compra de un libro físico, tanto como cambiar su percepción sobre la relación jurídica con la obra –el archivo electrónico- "comprada", que claramente no encaja en la tradicional definición legal de "propiedad".

Volvamos al análisis económico-social. También están en esta contracara del cambio anárquico los "cartoneros" y los nuevos "sin techo" con secundaria completa, o los beneficiarios de los planes sociales abandonados de cualquier otra política pública ajena a la dádiva directa, condenados a vegetar sin horizontes esperando sin hacer nada el fin de mes, cuando se acreditará el plan. Ellos son la consecuencia de la banalidad del populismo, de la cómoda ausencia de reflexión creativa en el tradicional pensamiento de "izquierda" o en la indiferencia de la vieja "derecha".

En los países industrializados, por su parte, la reducción del requerimiento de trabajo es un dato estructural. La reactivación y el crecimiento no generan puestos de trabajo al estilo de los tradicionales. La salida de la gran crisis que se inició en el 2008 comenzó a notarse cinco años después, pero el crecimiento de la producción en Estados Unidos –su "punta de lanza"- no se ha reflejado en la generación en ese país de los empleos destruidos en los años anteriores[79], mientras que los trabajos rutinarios y no calificados que persisten como necesarios se desplazan –aunque en menor cantidad, debido a la tecnología-hacia zonas del planeta en la que los salarios son ínfimos. Lo mismo ocurrirá en todo el mundo, sin embargo, a medida que la difusión tecnológica impregne el resto de las economías industriales.

La reducción del nivel de vida de la población no puede ser la contracara del desarrollo tecnológico, que, por definición, debiera mejorar la vida de las personas y no deteriorarlas. Una nueva reforma laboral deberá incluir modificaciones en un arco de instituciones que se extienden desde el ingreso mínimo universal hasta la reducción de la jornada del trabajo para distribuir el trabajo residual entre más trabajadores, a fin de direccionar el crecimiento de la productividad resultado de la incorporación tecnológica en un sentido inclusivo. Los parches de los "planes sociales" no pueden entenderse más que como respuestas parciales y urgentes. Al menos, no debieran serlo para quienes

---

[79]
http://www.bde.es/f/webbde/SES/Secciones/Publicaciones/InformesBoletinesRevistas/BoletinEconomico/14/May/Fich/be1405-art6.pdf

conciban a la vida humana como algo más que la sola capacidad de comer o solventar necesidades básicas de subsistencia.

Pero el cambio no se agota con estas medidas, que en última instancia no son más que la repetición de las viejas recetas para viejos problemas. Es que, en realidad, las mayores complicaciones se relacionan con los nuevos problemas generados por los nuevos circuitos de riqueza, el nuevo paradigma económico basado en la información y las nuevas formas de distribución de la riqueza, que termina siendo apropiada por los titulares de los nuevos grandes medios tecnológicos de producción que son los mega-servidores.

La "plusvalía" cambia junto a la naturaleza del trabajo, del capital fijo y del capital simbólico. Un nuevo elemento al final de la cadena, la micro-información que alimenta la recolección del "big-data" –automatizado y sistematizado por poderosos sistemas de inteligencia artificial-, es en última instancia provisto gratuitamente por miles de millones de "consumidores" que la entregan alegremente a los "rastrillos de datos" automatizados a cambio de algún servicio que se ofrece "gratis", sin advertir que en realidad la multiplicidad de estas microinformaciones es la nueva riqueza acumulada –en el otro extremo del sistema- por los propietarios de las grandes redes.

La sociedad de la información cuenta con una riqueza central, que es, justamente, la información. Quien se apropia de ella se ubica en el centro del tablero. La ingenuidad con que el "gran público" trata esa nueva materia prima recuerda a la de los indígenas en ocasión de la llegada de los europeos al Nuevo Mundo, entregando a los descubridores y conquistadores oro y plata a cambio de espejitos de colores.

Para el usuario, la gratuidad (los nuevos "espejitos de colores") se asienta en dos pilares: la seducción y el temor.

Seducción, al comienzo, ante la oferta de novedosos servicios y de acceso por parte del usuario a las diferentes "apps" que se le ofrecen, a cambio de la autorización de uso de sus datos personales en "condiciones" que constan en documentos de innumerable cantidad de páginas, raramente leídas pero que deben aceptarse.

Miedo, luego, porque una vez ingresado, el temor a perder archivos, historias de vida, fotografías, contactos, trabajos en caso de romper el vínculo, abandonar la aplicación o darse de "baja" hace persistente la vinculación. El propio uso de la respectiva aplicación irá actualizando en tiempo real, en forma imperceptible para sus titulares, los datos personales y los que se generen por el uso de la aplicación, que estarán disponibles para su utilización por los dueños de los servidores.

No olvidemos además que los datos no se reducen a los que se entregan en el momento de adherir al servicio o red, sino que se extienden a todos los que se recolectarán mediante el seguimiento sistemático, tal vez por años o de por vida, de una amplia colección de pasos, tendencias, actividades, predilecciones, compras y gustos del nuevo asociado.

Podría pensarse que es una doble ventaja, favorable para ambos términos. Sin embargo, la ignorancia sobre el destino final de los datos y la imposibilidad de incidir en su uso desequilibra lo que en un comienzo pudo parecer nivelado. Poderosos sistemas de entrecruzamiento, subcontrataciones de la información entregada, configuración de preferencias, categorización de consumos, riesgos, educación, salud, edad, niveles educativos y sociales, música que se escucha, ropa que se usa, noticias que se buscan, blogs que se leen, políticos que se siguen, artistas que se prefieren, consignas que más atraen, configuran un "mercado" nuevo y preciso, que no sólo puede construir "colectivos virtuales" adecuados a cada interesado en su uso, sino precisar quirúrgicamente la oferta a cada consumidor.

Se trata de un nuevo "mercado" que si al comienzo puede imaginarse como reflejando la realidad –es decir, prevaleciendo en él los deseos del consumidor- tiene como objetivo en realidad actuar sobre ese consumidor buscando prefigurar la oferta.

El precio de la "gratuidad" de los nuevos servicios, "contratados" por miles de millones de personas con la ansiedad de la novedad, tiene como contracara una esclavitud cibernética que puede extenderse por décadas. A cambio de acceder a redes sociales, la letra chiquita –que nadie lee, y si leyera no tendría otra alternativa que aceptar si aspira a incorporarse a redes de pertenencia que conforman una nueva sociabilidad, de la que en caso de no aceptar quedaría excluido- pueden expresar su conformidad con la investigación de su vida actual y futura, su seguimiento del tráfico de datos de navegación, las páginas WEB y sitios que visita, sus movimientos de ingresos, sus lugares de desplazamiento, sus familiares, su nivel social y educativo, su edad, sexo y familia, sus amigos, sus diversiones y entretenimientos, su rostro, sus tendencias de lectura y pertenencia a blogs y otros servidores o servicios, todo ello –y mucho más– renovado en tiempo real cada vez que ingresa a su correo, su sitio de Facebook o Google, su búsqueda de pasajes o de alojamientos, su investigación sobre nuevas compras, su música preferida y hasta el contenido de sus mensajes privados. Y, por último, la aceptación para cualquier entuerto de una jurisdicción lejana en algún país extranjero, donde difícilmente concurriría para reclamar por algún derecho violado, pero a la que queda sujeto si el reclamo lo hace el dueño del servidor o de la aplicación.

La masividad avasallante de la red hace el resto a través de redes con cientos –o miles– de millones de usuarios. "Gratuitos". Amazon, Google, Facebook, Twitter, Instagram, son la avanzada, que sin embargo se extiende como manchas de aceite a niveles más reducidos pero no por ello diferentes en su concepción: pertenencia a "clubes" de tarjetas de crédito o "comunidades de clientes" en supermercados, registraciones a sitios de viajes, suscripciones "gratuitas" a redes de noticias, revistas, publicaciones, blogs e infinidad de "servidores sirena" similares van perfilando la personalidad del usuario en la red y definiendo qué publicidades recibirá, qué ofertas lo beneficiarán, cómo será categorizado para diferentes interesados en llegar hasta él y qué nuevos servidores "sirena" estarán interesados en sus datos.

De pronto sus sitios "privados" –correo, red social, blog, conversaciones– recibirán publicidades sobre libros elegidos especialmente para él, viajes a sus lugares preferidos de vacaciones o descanso, automóviles con financiamiento determinado, ofertas de artefactos del hogar que se supone que está buscando – porque consultó en algún sitio información sobre el tema- y así hasta el infinito. Y no recibirá nunca –o será bloqueado- ofertas de servicios para los que no se le considere "target" o se lo suponga un "mal negocio" –como un enfermo para una compañía de seguros de salud-.

Ni bueno ni malo, al menos "a priori". Sí diferente, alejado de las categorías de análisis sociológicas y económicas tradicionales. La información, gestionada y administrada por estos poderosos mega-servidores con un nivel de Inteligencia Artificial de última generación convierte a sus dueños en los empresarios con más poder –y más capacidad de acumulación de riqueza- de la economía, comercializando los datos que ha obtenido "gratuitamente" de miles, millones o

El futuro nos arrastra

cientos de millones de usuarios finales que le han entregado y le entregan en tiempo real sus predilecciones, gustos y aspiraciones. Pero no solo eso: los datos personales, que han sido ingresados sin reserva por ingenuos usuarios de servicios que se piensan gratuitos, quedan disponibles también en un mercado de segundo grado al alcance de otros sistemas o redes insospechadas al momento de "registrarse" en un sitio determinado.

Esa información engrosará su identificación en bases oficiales y privadas de su país y de los que deseen hacer un seguimiento de su vida. Sus fotografías pueden ser utilizadas para finalidades que ningún contacto tienen con el sitio contratado –desde campañas de publicidad hasta la composición de sitios pornográficos o pederastas-. Los datos de su desplazamiento servirán para configurar ofertas "a medida" de bienes o servicios, o para sumarse a alguna estadística específica requerida por algún estudio de mercado, el seguimiento de sus costumbres de navegación en la red perfilarán también su personalidad, y de sus búsquedas de automóviles, inmuebles, casas de vacaciones, alquileres turísticos y consumos varios se desprenderá su nivel de ingresos y su perfil de consumidor.

Es una nueva economía, coexistente con la antigua, pero hacia la que se ha transferido la punta de lanza de la innovación y la rentabilidad, o sea la hegemonía que caracteriza al sistema en su conjunto. Esa nueva economía es atravesada en todas sus capas por el nuevo aporte de la Inteligencia Artificial, tanto como en el anterior cambio de paradigma lo fue por la potencia de la máquina de vapor y luego por la electricidad. Sus mecanismos demandan el abordaje académico riguroso para prever con mayor precisión hacia dónde conduce, sus consecuencias estructurales en el ingreso y sus límites.

Un "nuevo populismo" se asoma amenazante sobre la nueva economía. Los usuarios "gratuitos" son los nuevos "clientelizados" de la nueva oligarquía. La sociedad equitativa y democrática requiere ciudadanos, clases medias que participen en la generación de riqueza y en su apropiación. De ahí el reclamo por la "monetización" de esa información con micro-pagos, tanto para los datos que se ofrecen como para los que se usen. No existen en economía bienes gratis. Lo que aparece como gratis, alguien lo paga. En la economía de la red que se está conformando, la presunta gratuidad es pagada por los propios usuarios con un espionaje de por vida de su propia intimidad y por la inmersión paulatina en redes virtuales invisibles que conducirán su vida.

Ya han empezado, por parte de pensadores preocupados por las consecuencias previsibles de esta nueva forma de apropiación de ingresos, algunos ensayos sobre la monetización de la información, que al ser una novedad tan desenganchada de la economía tradicional y funcionar en un mecanismo tan diferente requiere herramientas –de análisis y de diseño- también novedosas. Se han propuesto alternativas, apuntando al mismo fin, desde la centralización de cada paso de la agregación de datos con una especie de "tarifador" en donde se asienten aportes y usos, en la búsqueda de la creación de un mercado comercial cuya finalidad sea correr el velo de la gratuidad, hasta la vinculación de "premios" reales y cuantificables a quienes entreguen sus datos con algún mecanismo de cuantificación o valorización, por ejemplo reducción de precios de servicios como seguros, viajes, libros, etc.

Todo debe ser analizado advirtiendo el riesgo de seguir avanzando en una economía de red de características duales y anárquicas, en la que unos pocos dueños de los mega servidores resultarán grandes beneficiarios, una inmensa mayoría resultará cada vez más empobrecida por la desaparición de sus fuentes tradicionales de ingresos reemplazadas por la nueva sistematización de la información y no habrá lugar para una "clase media" tecnológica, ya que sus activos de mayor valor para la nueva economía habrán sido captados progresivamente tras el velo de la "gratuidad".

El tema principal de la agenda, de cara a la base productiva, no es entonces ya la competencia entre los viejos actores internos por la apropiación del ingreso – característica de la política en términos históricos-. Quedan, por supuesto, coletazos de esas luchas. En pleno siglo XXI existen testimonios de las rivalidades arcaicas que alguna vez fueron decisivas. Los "Colegios Profesionales", los gremios de artesanos, las autorizaciones para servicios prestados en cotos cerrados, las cámaras empresarias y los propios sindicatos obreros discutiendo salarios para pocos empleos residuales son arcaísmos con una sólida vigencia, pero alejados de la trascendencia de cara al centro de la marcha de la economía. No es por los "cotos cerrados" de las profesiones, ni por la propiedad del "petróleo" o de los "servicios públicos" por donde pasa la construcción de la nueva sociedad democrática. Es por una realidad que ni siquiera ha merecido la atención de quienes han aspirado en las últimas décadas a construir paradigmas alternativos o de cambio a la vieja economía industrial, que se resignan a antiguas letanías inconsistentes o, en todo caso, de fracasos ya acreditados, como las economías del "socialismo real" implosionadas en las décadas octava y novena del siglo XX, luego de someter a centenares de millones de personas a dictaduras atroces, una polución ambiental descontrolada y en ocasiones, masacres genocidas que se tienden a olvidar demasiado fácilmente.

Es evidente que el mundo marcha hacia un paradigma global que es el escenario de actuación de sus campos más dinámicos. Sin embargo, también es evidente que la política, aunque en proceso de cambio acelerado, sigue siendo nacional[80]. La posibilidad de realizar programas públicos eficaces, de decisiones y esfuerzos colectivos, sin embargo supera ya a los Estados nacionales. No alcanza aún al espacio global que sí ya está ocupado por la economía y la tecnología. La "realidad" del nuevo paradigma se construye en forma altamente autónoma, ignorando viejos límites nacionales que no la contienen, en un terreno ignoto para la política porque aún lo es también para la academia. Esto debe corregirse y para ello, el primer paso es tomar conciencia.

Es cierto que desde la política, en el plano global, se está asumiendo el desafío, tan cierto como que en la carrera desatada la ventaja que logró la economía de las nuevas grandes corporaciones y los nuevos actores comenzando con décadas de adelanto se hace notar con nitidez. El mundo cuenta con espacios plurales, algunos en el marco de las Naciones Unidas y otros paralelos a ella, constitutivos en su conjunto de una especie de "parlamento global", en los que se tratan los temas de agenda más diversos. La multiplicidad de organismos que no tienen la visibilidad del edificio de la Asamblea General, en Nueva York, pero abarcan todas las áreas de la realidad, concentrados en su mayoría en Ginebra, están renovando constantemente el entramado global que rige y regirá el mundo cada vez más.

Estos espacios requieren una nueva dinámica: lograr en cualquiera de ellos un acuerdo internacional de gobiernos puede llevar años de negociaciones y aprobaciones, mientras que una nueva "app" o servicio en la red, al contrario, puede desplegarse en segundos, sobre un terreno virgen de normas y alejado del alcance del poder. Ello instala un escenario de transición en el que la política,

---

[80] Ulrich Beck, "Un nuevo mundo feliz – La precariedad del trabajo en la globalización", Paidós Ibérica, 2000.

aún consciente de sus límites, es empujada al plano interno –donde conserva algo más de efectividad-, en un difícil equilibrio que debe balancearse entre la carrera tecnológica, en un extremo y la protección de los ciudadanos, por la otra. Debería regular la primera, sin llegar al aislamiento que la condenará al arcaísmo o la decadencia y proteger a los segundos, sin limitar su acceso a los beneficios del nuevo paradigma. Aunque, a la vez, debiera potenciarse la acción cosmopolita de alcance global.

La ciencia y la tecnología, aún con una perspectiva global y cosmopolita, pueden pensarse aún, a pesar de ser conscientes de la limitada posibilidad de acción dentro de los límites nacionales, en términos de agenda interna. "Cosmopolitismo", pero "consciente", como reclamaría Ulrich Beck. Un cosmopolitismo que no renuncie a la política entregándose a las fuerzas tormentosas del puro "mercado", sino que comprendiendo la realidad, asuma conscientemente las consecuencias del cambio inexorable para atenuar sus efectos negativos, impulsar las fuerzas positivas, persiga la inclusión de todos y preserve celosamente el ambiente, que es la casa común.

En este marco, hoy existen dos grandes espacios de reflexión y acción.

Uno, que *debe responder a las expectativas de las personas como ciudadanos de un mundo en cambio.*

Tiene una agenda necesariamente cosmopolita y no se detiene en las fronteras sino que demanda una imbricación virtuosa con las redes globales que sostienen la economía mundial. Esta imbricación comenzó por la demanda y debe alcanzar urgentemente a la oferta.

Los celulares, las pantallas LEDs, los equipos informáticos de audio, la infinidad de "steroids" que giran alrededor de estos equipamientos, las computadoras personales, tabletas y similares, la participación (o "pertenencia") a redes sociales diversas de extensión global, las cámaras digitales, la ropa deportiva tecnológicamente avanzada, las nuevas drogas medicinales, las nuevas aplicaciones para los automóviles, el equipamiento para la seguridad y la defensa, los cosméticos y perfumes, las grandes maquinarias de construcción, los trenes, los aviones, la comida "gourmet" y aún la dirigida a los nuevos nichos como celíacos, complementos dietarios, etc. son productos de mercado de oferta global en la mayoría de sus procesos productivos, requeridos y adoptados masivamente por la población. La mayoría de ellos son ofrecidos por grandes corporaciones y pueden colocarse en su "haber". Tal vez sin su concentración de capital, impulso tecnológico y estructura globalizada serían imposibles. Garantizar su libre llegada al gran mercado llevará sus beneficios a los consumidores de todo el mundo. Un país que dificulte su acceso a sus ciudadanos estará conspirando contra la democratización de esos beneficios.

Los propios automóviles, cuyas partes locales no alcanzan a un tercio de su valor agregado, incorporan el resto con productos adquiridos en el mercado global, en un fenómeno que no es propio de la Argentina sino de todos los países en los fabrican, aún los más desarrollados. Es el paradigma con que funciona –y funcionará cada vez más- la sociedad humana. Aislarse no es una opción, salvo que el camino elegido sea el retraso paulatino e inexorable, con crecimiento de la pobreza relativa debido al estancamiento productivo y formas políticas cada vez más necesitadas del ingrediente represivo para mantener el orden y la convivencia.

No hay más posibilidad de imaginar economías cerradas, de escala pequeña y manejos burocráticos en sociedades enfermas de arcaicos chauvinismos. Una sociedad que elija ese destino seguirá su decadencia con el mismo patrón que las sociedades tribales ante la llegada de la modernidad, hasta su implosión.

No será la primera vez en la historia del mundo que desaparezcan culturas y pueblos que no han sabido sumarse a los procesos modernizadores exitosos. Aunque la marcha no sea lineal y muestre avances y retrocesos en el escenario político, su tendencia es inexorable porque responde al cambio científico y técnico, que por definición es acumulativo e irreversible.

Sin embargo, existe el "debe". La preservación del ambiente, el cuidado de los recursos no renovables, las condiciones de trabajo, el acceso de proveedores locales a sus insumos, la ética empresarial. Son temas de agenda que pertenecen al campo de la política y de la sociedad civil. Éstas son los dos extremos de un triángulo virtuoso (Corporaciones-Política-Ciudadanos) en el que cualquiera de las partes ausentes desequilibra el funcionamiento del sistema.

Las personas quieren corporaciones que impulsen el desarrollo tecnológico y lo hagan accesible a las mayorías, sin agredir el ambiente y sin explotar a los trabajadores. Quieren una política que administre correctamente los recursos públicos, sin corrupción y sin colusión con las empresas. Quiere un tercer sector que canalice las aspiraciones, necesidades y prevenciones en los temas más diversos que lo preocupan y concitan su atención. Entre estos tres actores hay –y debe haber- tensiones, cuyo saldo debe realizarse a través de los procedimientos democráticos –prensa libre, participación amplia, justicia independiente, redes sociales plurales y abiertas-. No es imposible. Es más: es el único camino para convivir en una sociedad armónica y equilibrada.

La agenda pública debe reservar un espacio decisivo a la reflexión científico-técnica como la presentamos en la primera parte, o sea, el gran debate mundial sobre los cambios y su dinámica, sobre las perspectivas de nuevos paradigmas y su rapidez, preparando a las personas para manejarse en ese escenario dinámico y en rápida transformación.

Debe incluir entre los estímulos a las actividades locales científicas y técnicas su estrecha imbricación con los flujos globales de información, conocimiento e investigaciones. Participar en todas las iniciativas plurales que sea posible realizadas por la humanidad –para la investigación de la física elemental, el conocimiento del cosmos, las profundidades de la genética, la búsqueda de nuevas tecnologías energéticas, etc.- no es una opción, sino una obligación.

Universidades, científicos y técnicos, centros de investigación, laboratorios, talleres, deben sentir el apoyo y el respaldo de toda la sociedad a su trabajo y la jerarquización social de su esfuerzo. Su estrecha imbricación con los centros globales de investigación, ciencia, tecnología, conocimiento, debe ser jerarquizado como una llave de oro cuyo beneficio alcanza en forma directa e indirecta a todos.

Junto a este esfuerzo, no pueden ignorarse los efectos inexorables de la impregnación imparable de la nueva economía, la de las redes y el "big data". Normativas adecuadas deben tender a defender a los usuarios no sólo con reglamentaciones. Éstas pueden ser fácilmente burladas y –en el otro extremo- corren el riesgo de obstaculizar la modernización de la sociedad.

El camino debe ser la defensa de los derechos de los usuarios, la monetización de esos micro-datos generando en favor de quien los origina un sistema de micro-pagos y quitando valor legal a las contrataciones de por vida, imponiendo el registro obligatorio y publicidad en términos claros de los contratos de adhesión de los diferentes servicios y la posibilidad irrenunciable de apartarse de ellos sin perder la información volcada durante el período de permanencia en la respectiva red. Una reflexión y una acción conjunta entre prestadores, gobiernos, creadores y consumidores, en el plano global y nacionales, será el único camino viable.

No es el momento ni el lugar para desplegar los argumentos técnicos de esta propuesta. Sólo afirmar que no es original del autor sino que ya se encuentra en debate en las sociedades más avanzadas[81] y que requerirá un gran consenso internacional para evitar la inexorable polarización y los negativos efectos que acarreará la nueva economía de la red si no se actúa para perfilar su circuito de riqueza con mecanismos de inclusión y democracia.

El otro, es el que *se refiere a la reflexión sobre el colectivo nacional.*

Éste debe incluir la definición de políticas públicas, no ya reducido a la tosca pugna por un ingreso estancado, sino las palancas de crecimiento integradas al nuevo paradigma, que permita sumar el país y su sociedad, en una especie de "cosmopolitismo consciente", es decir, un cosmopolitismo racional, plural, deliberativo, que analice ante cada paso las consecuencias y pueda prever adecuadamente los efectos no deseados del cambio inexorable, para atenuarlos o neutralizarlos[82].

Para éste, más cercano a la política como la conocemos, sin embargo hay cambios sustanciales en la base de la reflexión. Resulta inoperante y hasta esclerosada la interpretación de los problemas económicos y sociales con las herramientas de análisis adecuadas para el mundo que pasó. Sería sólo una curiosidad, si no fuera que de esta esclerosis se desprenden políticas públicas inocuas y en muchos casos perjudiciales para la posibilidad de un crecimiento inclusivo.

Se trata de la política que cree que puede arreglar todo con mayor papel del Estado, nacionalizaciones o decisiones públicas que avancen sobre el espacio ciudadano. O su rival: la que cree que la solución para todos los problemas es reducir la potencia estatal, si es posible, hasta su desaparición. Ni una ni otra responden a la agenda del cambio. Son las ofertas políticas que se han resignado a –o utilizan con nada de ingenuidad- los efímeros "relatos" ad-hoc

---

[81] Jaron Lanier, "¿Quién controla el futuro?", Ed.DEBATE, 2014, págs. 607 y ss.
[82] Ulrich Beck, "La mirada cosmopolita o la guerra es la paz", Paidós, Estado y Sociedad, Barcelona, 2005.

como reemplazos caricaturescos de las antiguas construcciones ideológicas de la modernidad.

La Argentina debe recuperar dinamismo en su imbricación con el mundo, especialmente en su escalón científico técnico. El peor de los ejemplos es exhibir como un mérito el crecimiento de las exportaciones agropecuarias a granel, a las que además se les ha expropiado rentabilidad impidiéndoseles la agregación tecnológica de vanguardia, mientras a la vez se sumergen las exportaciones industriales y se transforma el sistema industrial en plantas de armado sin desarrollo tecnológico y limitadas al mercado interno por su falta de competitividad, con el mendaz libreto chauvinista de la "industria nacional".

Al momento de escribirse estas líneas (mediados del 2015) la Argentina lleva 24 meses de caída de su producción industrial, lo que no impide que su Jefa de Estado exhiba este deterioro como un logro de la defensa de la industria, enmarcada en un relato presuntamente "nacional y popular".

Por el contrario, la fuerte vinculación con las redes globales de investigaciones científicas, de desarrollos tecnológicos, de participación en las cadenas globales de valor, de desarrollos en áreas en las que existe capacitación y masa crítica – como bioingeniería, genética agropecuaria, medicina, etc.- se convierte en imprescindible para conformar el vínculo de integración exitosa al cambio global.

La política de apoyo hacia los sectores de investigación y desarrollo, sin embargo, será inútil sin la toma de conciencia del cambio de paradigmas planetarios. Una economía cerrada, pequeña y burocratizada no demandará innovaciones. No las necesitará porque no requerirá disputar mercados, mantenerse en la vanguardia del conocimiento, generar innovaciones.

Si la economía no requiere la innovación, los recursos que se vuelcan al sector terminan siendo un gasto parecido a un lujo, cualquiera sea su dimensión. Por el contrario, una economía que dispute el escenario global demandará –e incorporará- investigaciones en sus procesos, porque necesitará reducir costos, hacer eficiente la producción para superar la competencia, adiestrar a los actores económicos –trabajadores, industriales, comerciantes, investigadores-. Invertirá con gusto en innovación científico técnica, porque será su motor principal.

El futuro nos arrastra

Esta verdad de Perogrullo no es aún un "estado cultural" del escalón dirigencial argentino, que sigue oscilando entre las dos interpretaciones que se mencionaron. El propio período kirchnerista ha exhibido un interés constante por el sector científico técnico. Es innegable que, "vis a vis" con períodos históricos, ha realizado una tarea de recuperación. No obstante la mejora, no puede tampoco ocultarse que el modesto incremento de recursos destinados a Investigación y Desarrollo (a poco más del 0,6 % del PBI) está lejos del 2 % aconsejado por los organismos internacionales y aplicado por los países en desarrollo para sostener su sistema de conocimiento.

Sin embargo, al insertarse en una concepción de la economía arcaica y desfasada con el mundo, burocrática y cerrada, que concibe al Estado como el encargado exclusivo de distribuir rentas e ingresos, aún el modesto apoyo al sector resulta cada vez más costoso, porque en rigor la economía tal como se la ha concebido desde el poder durante toda la década no necesita innovaciones científico-técnicas para funcionar. Su éxito termina siendo perjudicial para el país, ya que los científicos y técnicos que forma sólo pueden realizar sus conocimientos en redes globales de las que el país intenta mantenerse cuidadosamente marginado.

La inercia se asemeja a la esclerosis. Persistir en creer en la supervivencia de una sociedad que ya no existe, o en la actitud reaccionaria de hacerla regresar al pasado, evita la reflexión creativa sobre los problemas actuales y los que vienen, entre los cuales uno no menor será el reemplazo de los trabajadores por las redes, los mega-servidores potenciados con IA y la robotización inminente, con el peligro de desatar una especie de "neo-ludismo" y que conforma una de las paredes del cauce del nuevo torrente de cambio.

La otra pared es la imbricación global. No realizar los cambios o dejar que la propia realidad los procese a su ritmo, tendrá como consecuencia costos sociales de transición que pueden transformarse en lacerantes, por la desocupación, la pérdida de ingresos públicos y la consecuente polarización social.

Las políticas públicas deberán correr entre ambos condicionantes. No demorar el cambio y en lo posible acelerarlo para no perder posiciones en el nuevo paradigma económico global. Pero a la vez, operar sobre sus consecuencias inexorables como la redistribución del trabajo limitando la jornada laboral y la tendencia al desplazamiento del empleo residual hacia tareas de baja calificación -y remuneración-.

Tener en cuenta la característica, dinámica y consecuencias de esos cambios permitirá conformar la nueva agenda de reflexión para las políticas públicas, entre las que "a priori" aparece la imprescindible urgencia de la reforma estratégica del sistema nacional de conocimiento.

Esta reforma debe incluir la masificación y calificación de la enseñanza básica. Ella debe comprender:

1. La inclusión en su currículo de la flexibilidad para la incorporación de nuevos conocimientos y readiestramientos en capacidades.
2. La estimulación de la actividad creativa, y
3. la fuerte apuesta al desarrollo del sector científico y técnico imbricado con las políticas públicas en los diversos campos de la realidad: desde la economía hasta las formas de convivencia, desde las virtudes cívicas hasta la administración.
4. La vinculación cada vez más profunda con la ciencia y la tecnología globales.

En este marco debieran rediseñarse las políticas fiscales, cambiarias y aduaneras, de ingresos y de estímulo, de relaciones de trabajo y de retribución.

De lo contrario, los parches -aunque fueren impulsados con buena intención- tendrán parecidas consecuencias que las políticas positivas en relación a la ciencia y a la técnica como campo aislado del conjunto. Serán un gasto, en lugar de una apuesta al cambio.

En otras palabras, si no se realiza el cambio, el país terminará financiando al mundo, formando científicos y generando conocimientos que se aplicarán allende sus fronteras.

Para ser exitoso en el modelo cerrado, que inexorablemente deviene en patrimonialista, es más eficaz, desde la perspectiva de la producción o la industria, mantener "buenas relaciones" con los funcionarios que asignan recursos, autorizan importaciones u otorgan créditos –todo en el marco de las decisiones públicas-.

En el criterio abierto -a la reflexión, a lo nuevo, al cambio, a la reformulación de la agenda pública con mirada al futuro- será por el contrario más eficaz apoyar una investigación de vanguardia que le pueda reducir al final sus costos o agregar alguna innovación competitiva, diseñar una política de ingresos que estimule la conservación del trabajo -disminuyendo la jornada para repartir el trabajo residual entre más personas-, reorganizando el gasto social básico - salud, educación, tarifas- para garantizar mayor igualdad de oportunidades, explorando formas novedosas de proteger –y si es posible, monetizar- a los proveedores de micro-informaciones, que deben valorar la infinidad de datos que sin saberlo incorporan diariamente a la red y son captados por los mega-servidores. Y estimulando la inversión, la libertad económica y la creatividad para dinamizar la incorporación de nuevos conocimientos y tecnologías a los procesos económicos y la vida social.

Una nueva actitud frente a los recursos públicos

Aunque toca marginalmente este trabajo, no puede estar ausente un párrafo sobre el paradigma de funcionamiento económico compatible con el gran salto científico y tecnológico.

La limitación de recursos inherente a todo sistema económico debe priorizar su uso en las políticas públicas.

En la Argentina, a partir de 2002, se retornó al principio –ya obsoleto en el mundo- que las grandes obras de infraestructura deben sostenerse con fondos públicos. A la vez, la crisis social provocada por la aplicación del modelo de *"modernización sin política"* de los años 90 –caracterizada por el desinterés extremo en la suerte de miles de personas afectadas por la modernización altamente monopólica realizada en el período- provocó una demanda de fondos para políticas sociales y subsidios indiscriminados al consumo que dejaron exhaustas las finanzas públicas, a la vez que abrieron espacio nuevamente a mecanismos económicos, políticos y sociales incompatibles con un desarrollo virtuoso. El término "populismo" es, tal vez, el que mejor los define.

La consecuencia de esta doble tensión fue la liquidación del capital fijo y la falta de amortización de gran parte de la infraestructura que el país había construido durante décadas.

El envejecimiento y deterioro de rutas y autopistas, sistema ferroviario y portuario, telecomunicaciones, hidrovía, sistemas de gestión de la administración pública, desmantelamiento de la defensa nacional, grave deterioro del equipamiento en seguridad pública, atraso en la inversión y modernización educativa, obsolescencia del sistema judicial, insoportable atraso en el sistema de salud –pública y privada- etc., demandará recursos enormes para su puesta al día –y en algunos casos, como seguridad y defensa, para su construcción virtualmente desde cero-.

De esa realidad se desprende la necesidad de un debate en tono mayor sobre los sectores a los que el Estado –en cualquiera de sus niveles- deberá seguir proveyendo recursos por imposibilidad de otras fuentes, de aquellos en que se pueden realizar con recursos de mercado, dentro de las normas y garantías para el país y para los usuarios establecidos por la ley y estrictamente controlados por los organismos y mecanismos de control existentes o que se formen.

La continuación de la idea predominante desde el 2002 implica la inversa de la aplicada en la última década del siglo XX. Entrado el nuevo siglo se tendió a una *"política sin modernización"*. Se volvió a la propuesta de un Estado con la fuerte presencia directa del Estado en la economía, predominante en la segunda posguerra, a mediados del siglo XX, lo que tendrá como consecuencia una limitación a la financiación de la reconversión científica y técnica de la sociedad y de la economía. No hay y no habrá recursos para todo.

El adelantado debate propuesto en 1985[83] por aquel extrañado Ministro de Planeamiento de Alfonsín, Roque Carranza, tiene singular vigencia[84]. El Estado

---

[83] http://historiaydoctrinadelaucr.blogspot.com.ar/2015/02/roque-carranza-papel-de-trabajo-febrero.html

[84]

http://www.elmundo.es/economia/2015/04/09/55265fb5e2704e06498b4570.html?utm_content=bufferdc15 c&utm_medium=social&utm_source=twitter.com&utm_campaign=buffer

–decía- debe desprenderse de lo que fue estratégico décadas atrás, pero ya dejó de serlo en las nuevas circunstancias del mundo. Pero los recursos que se obtengan deben financiar las áreas estratégicas del futuro: Universidades, sistema científico y tecnológico, empresas de tecnología, fortalecimiento de la educación y excelencia en el sistema de investigación y desarrollo.

Los despropósitos de estos años son el contrajemplo.

Ellos recorren un arco bizarro inimaginable pocos años atrás. Optar por seguir privilegiando la energía sucia con la construcción de una usina de carbón a un precio superior a lo que costaría una planta de generación de energía solar; continuar con la expansión del sistema generador en base a hidrocarburos sin ningún avance real en el parque de generación de energías renovables; comprometer la construcción de usinas nucleares con fondos públicos sin debate, licitación ni estudios ambientales a empresas de países que no tienen excelencia en seguridad[85]; vaciar las arcas públicas mensualmente para subsidiar una empresa aérea cuyo sistema de gestión es propio de las aerolíneas anteriores a la desregulación global del sector, en tiempos de las "líneas de bandera"[86], funcionando con monopolios estatales dueños de recursos infinitos; aislarse del funcionamiento económico global con infinidad de trabas a la circulación de bienes, recursos y pagos, desalentando la inversión en el país de los sectores más dinámicos de la economía global, pero también de iniciativas de emprendedores argentinos destinadas al mercado global; proliferación de controles y autorizaciones para invertir, importar, exportar, endeudarse, girar dividendos e incluso financiarse con fondos externos, cuya finalidad es sólo requerir la firma de funcionarios "con precio", son –entre otros- datos y mecanismos económicos y extraeconómicos que conspiran contra la imbricación virtuosa de los argentinos en el mundo actual, aprovechando sus portentosas posibilidades de mercado, financiación y tecnología.

El sobrevuelo a la historia socioeconómica argentina impide descargar la total responsabilidad por las decisiones históricas en una "burocracia política", sindical o empresaria con vicios de origen. En todo caso, parece más bien que

---

[85] http://www.infobae.com/2015/04/22/1723958-rusia-construira-una-central-nuclear-argentina

[86] Ver http://www.lanacion.com.ar/1745689-crece-el-deficit-de-aerolineas-y-le-dan-955-millones-mas

subyacen en lo profundo de la sociedad formas culturales con un patrón clientelar, coexistiendo con las corrientes de modernidad.

Es difícil imaginar a la Argentina con un comportamiento parecido al de los norteamericanos, por dar un ejemplo caricaturesco. Lo que en el Norte se consideraría responsabilidad casi exclusiva de los ciudadanos, en el Sur se descuenta que es tarea ineludible de las políticas públicas –y no sólo en salud, educación y hasta determinados niveles de defensa personal-.

Pero tampoco se trata de una sociedad que acepte el control público absoluto ni la planificación total en manos del Estado. Hasta las propuestas populistas más acérrimas respetan determinados niveles de iniciativa individual, buscan coexistir con la gran empresa –particularmente cuando logran con ella algún nivel de "asociación"- y reflejan cierta conciencia sobre los límites de la capacidad de apropiación de la riqueza privada para mantener en marcha la creación de riqueza, de la que se nutre.

La síntesis pareciera ser asumir ambas realidades en el marco de un estado de derecho que haga previsible la acción pública y permita planificar el largo plazo, tema cada vez más agredido por la propia dinámica internacional. En otros términos, "marcar los límites" aceptados por la sociedad y fijados en las leyes, es decir contar con reglas de juego respetadas por todos.

Estas valoraciones, reducidas en este trabajo para no desviar su eje, sin embargo son también esenciales al objetivo propuesto.

Sin ellas no habrá investigación, ni desarrollo, ni ciencia, ni tecnología, ni participación en proyectos globales, ni imbricación con las líneas de vanguardia del conocimiento universal. En todo caso, existirán compras puntuales cuando el producido de la soja y del endeudamiento público lo permita.

Al final, todo se reduce a tomar conciencia, levantar la mirada, reflexionar con frescura, poner en marcha la inteligencia. Y actuar con buena moral.

Capítulo 8. Proponiendo conclusiones

Cabe sugerir, como recapitulación final, varios puntos de reflexión para la agenda.

1. Los conceptos, ideologías y herramientas de análisis político de los dos últimos siglos no responden a la realidad, porque la realidad sobre la que fueron formulados ha cambiado en forma paradigmática. Hay que elaborar nuevos, incluyendo el sentido de la marcha histórica montada sobre el desarrollo científico y técnico, tratando de prever su incidencia en la realidad en la que actúa la política y definiendo las nuevas categorías de análisis y herramientas de acción.

2. La herramienta de la dialéctica, masificada por el marxismo y que subyace en la base del pensamiento político de todo el "arco" ideológico –con sus categorías de base, las clases sociales, las luchas de clases, las "contradicciones principal y secundarias", la "hegemonía", el "nivel de conciencia", la plusvalía, la tajante diferenciación entre "propiedad privada", "propiedad pública" y "propiedad social", etc., que han sido y son aportes esclarecedores en el análisis de la sociedad-, no define ya realidades en pugna en el diseño de la sociedad global de la segunda década del siglo XXI. Las "soluciones individuales para las contradicciones sistémicas" (U.Beck) se han impuesto como norma en todo el planeta en la sociedad del tercer milenio.

3. Los conflictos existentes en el mundo reflejan tensiones de origen diverso, con contactos con los intereses económicos pero no determinados totalmente por ellos. Motivaciones religiosas, choques culturales, creencias, diferentes concepciones sobre la vida humana, su sentido y su valor, forman un complicado escenario inabarcable por las categorías del "mundo sólido", y expresan cada una a su manera la gran incertidumbre humana ante la toma de conciencia de la ausencia de respuestas trascendentes al sentido de la vida.

4. Existe una aceleración creciente en el ritmo del cambio tecnológico que abre la puerta a un nuevo paradigma económico-social, claramente de alcance y características globales. Las sociedades de desarrollo más rápido son las que

han privilegiado el desarrollo de la inteligencia. Ello se ha demostrado en aquellas sociedades tecnológicamente maduras –Estados Unidos es el prototipo– como en sociedades en desarrollo que han protagonizado un gran salto en las últimas décadas –sudeste asiático, Corea, con el paradigma de China–. La carrera científico-técnica hacia la edificación del nuevo paradigma está liderada por esas sociedades.

5. El gran avance científico y técnico desbordó hacia la modernización de sus relaciones internas. Partiendo de realidades atrasadas –algunas de ellas, tal vez las más pobres del planeta- entraron en el siglo XXI con índices de reducción de pobreza, alfabetización, impregnación tecnológica en la vida cotidiana, pujanza en su crecimiento económico, generación de ciencia y tecnología, excelencia en sus universidades y alcanzando la frontera en el conocimiento en varios de los grandes campos de Investigación y Desarrollo del mundo actual. Aún las que no han recorrido todavía todo el camino pueden mostrar notables avances en sus índices sociales con respecto al inicio de su camino.

6. En una economía crecientemente globalizada, el acceso al mercado mundial es la clave para sumarse al desarrollo universal. El mercado es el espacio natural de la "realización de la ganancia". Cualquier limitación a su acceso es una limitación al crecimiento. En un mercado global, el acceso a la ganancia de los actores de la economía del espacio propio debe abordarse también desde una perspectiva global: sin acceder a él con éxito, no habrá ventas, no habrá excedentes, no habrá reinversión, no habrá empleo.

7. Acceder al mercado global con éxito abre una agenda inevitable: el cosmopolitismo consciente. El cosmopolitismo "bobo" llevará a la fragmentación y polarización social, la exclusión de amplios contingentes ciudadanos y el peligro de la destrucción de los lazos de solidaridad social. La cerrazón y el aislamiento, en sus antípodas, conducirán al estancamiento estructural y al retroceso. La política debe legitimar su papel abordando una agenda inteligente, reflexiva, integradora e inclusiva cuyas metas sean participar rápidamente de las redes globales de inversión, tecnología, comercio, financiamiento e imbricación en las cadenas globales de valor, y a la vez diseñar las políticas públicas adecuadas para que ese proceso sea virtuoso en términos de inclusión social, equidad y preparación para el desempeñarse en el nuevo paradigma a los más amplios contingentes poblacionales.

8. En todas las sociedades en avance, su ritmo ha coincidido con su esfuerzo en inversión educativa, con la calidad de los procesos de educación, con la planificación de la tarea de masificación del conocimiento a través del sistema educativo, la promoción de su sistema de Investigación y Desarrollo y la imbricación íntima entre éste y la producción.

9. Al contrario, las sociedades que partieron de aceptables niveles comparativos pero fueron objeto de políticas públicas clásicas "redistributivas" descuidando la masificación y cualificación de sus campos de conocimiento (alfabetización, enseñanza de calidad, investigación y desarrollo en los sectores público y privado) cayeron sistemáticamente en los índices económicos –de crecimiento– y sociales –de equidad e inclusión–.

10. Las escuelas, en todos los países exitosos, son espacios en que se imparte educación con rigor académico. Las políticas sociales directas ajenas a la educación (política alimentaria, de salud, etc.) no las cuentan como efectores principales, sino en todo caso como apoyos marginales. Las tareas y objetivos de las escuelas son demasiado importantes en el plano estratégico como para distraerlas en actividades que no son propias de su esencia.

11. La conciencia social sobre el desarrollo científico técnico es determinante sobre las decisiones públicas y sobre el nivel de prioridad que los actores públicos otorgan a las políticas de ciencia y tecnología; de ahí que sea también decisivo el papel de la comunicación, para elevar la toma de conciencia sobre la importancia del sector en el crecimiento económico, del confort general y de la calidad de la convivencia.

12. La agenda pública necesita inexorablemente enriquecerse con la mirada al futuro, incluyendo temas que no figuran -porque no correspondían- en las demandas de mediados del siglo XX. Entre ellos debe destacarse la reformulación de la política impositiva –estimulando la inversión– y de la política de ingresos –logrando la articulación virtuosa de un piso de dignidad (ingreso universal y piso de servicios públicos universales) con el estímulo al propio esfuerzo (libertad económica, intangibilidad del fruto del riesgo y el trabajo humano, desestímulo a las actividades parasitarias o meramente rentísticas)-, persiguiendo una sociedad con un alto nivel de equidad, una alta capacidad de incorporación científico-técnica y un alto ritmo de crecimiento económico.

13. Los límites entre los campos específicos de la ciencia y de la política no son rígidos, pero existen. En un extremo, la intención de la política de ser la absoluta y excluyente "conductora" de la ciencia conduce a sociedades regimentalizadas, donde la libertad de investigación se subordina a objetivos determinados por el sector público y sirve al proyecto político que detenta el poder estatal. En el otro, la libertad absoluta de investigación y la despreocupación de la política por el rumbo y los límites, puede conducir a resultados desvinculados de sus consecuencias nocivas para la población o para terceros. La imbricación debe darse a partir del respeto al núcleo esencial de los respectivos campos: la política es la actividad que la sociedad utiliza para definir su rumbo y prioridades, y la ciencia es el campo de búsqueda del conocimiento –que no puede estar limitado por norma alguna- y el desarrollo tecnológico –que debe responder a estándares éticos y bioéticos mayoritariamente aceptados-.

14. El mundo en gestación se asienta sobre un paradigma global. Lo impone y lo impondrá la existencia de redes globales de transferencia de información y conocimiento, la construcción de un sistema productivo mundialmente encadenado, la liberalización creciente del comercio y el desplazamiento del capital en tiempo real. La ciencia será cada vez más universal y los desarrollos tecnológicos, así como su utilización, deberán analizarse en clave global.

15. Todo girará cada vez más alrededor del desarrollo científico y técnico. Dentro de este gran campo, tres pilares fundamentales sostendrán el edificio de la sociedad que viene: el conocimiento de la genética, desentrañando los mecanismos más íntimos de la vida; el desarrollo de la tecnología sobre lo infinitamente pequeño, la nanotecnología, extendida hacia los nuevos materiales y la ingeniería genética; y el avance de la robótica, abarcando desde lo más ínfimo – micro-robots con capacidad de manipular el ADN, de reparar y mejorar las células vivas, de autoensamblarse y autoreplicarse creando "nubes robóticas" para múltiples aplicaciones, etc.- hasta los macro e incluso mega robots –estaciones espaciales, captadores de energía solar en el espacio, maquinarias autogestionadas de producción agropecuaria, fábricas robotizadas, "ciborgs" dotados de superinteligencias, robots de combate para la defensa reduciendo al mínimo la exposición de seres humanos, etc.-

16. Estos tres grandes campos –Genética, nanotecnología y robótica, o "GNR"- deben estimularse de las formas razonablemente posibles, para no perder e

incluso ganar posiciones en el escenario global. Los tres girarán alrededor del procesamiento de la información y de circuitos cada vez superiores de Inteligencia Artificial (IA), campo de investigación y desarrollo fundamental para la construcción racional de la sociedad que viene.

17. Asumir la globalidad del nuevo paradigma lleva a una nueva demanda estratégica: la construcción de redes globales de oferta, tanto de bienes físicos como virtuales. El atraso que significó el populismo se hace patente cuando observamos que justamente en esta última etapa de venta final en el mercado, la más importante por ser la de la efectiva "realización de la ganancia", es en la que menos presencia existe por parte de la economía nacional. Carrefour es francés. Wallmart norteamericano. Dia español. Jumbo y Falabella, chilenos. Amazon, norteamericano, al igual que Apple y Microsoft. Y Facebook, Instagram y Twitter. A pesar de la dimensión de la producción alimentaria argentina, no hay una red de comercialización internacional, ni siquiera pequeña, ni siquiera para los alimentos, de empresas argentinas llegando a los consumidores globales minoristas.

La construcción de redes globales requiere imbricar en el esfuerzo a las políticas públicas con la iniciativa empresarial, pero hay un elemento central: la fluidez en el intercambio físico y virtual, y en el sistema de pagos. Una aduana sin corrupción, funcionarios que asuman su papel de servidores del sistema, estándares internacionales en el intercambio de mercaderías y productos hasta los usuarios finales –Correos y "carriers" que no roben los productos- y mecanismos de transferencia de divisas en ambos sentidos que, aunque debidamente registrados –a fin de evitar comportamientos delictivos- tengan absoluta libertad de transacción para fomentar el desarrollo y la imbricación con el mercado global por parte de los actores nacionales que asuman esta tarea como un desafío central.

El tan mencionado "cepo", sostenido con el arcaico argumento de que deben "defenderse las divisas" –como si éstas fueran una propiedad del Estado, y no un mecanismo de circulación de riqueza esencial para el funcionamiento económico- genera un daño muy grande al crecimiento y la modernización. En realidad es un mecanismo de apropiación y transferencia de ingresos, sin control democrático ni legal, cuya contracara es el aislamiento, el estancamiento y la concentración de poder autoritario.

18. Desde la perspectiva argentina, sociológicamente, el objetivo estratégico principal de largo plazo para participar en forma dinámica en el nuevo paradigma global debiera apuntar a conformar en el país una *fuerte masa crítica* de personas que incluya *científicos y técnicos, emprendedores, economistas, empresas* de tecnología agropecuaria de alta gama, fortalecimiento de los campos de investigación y empresas, tanto las actualmente existentes como nuevas, en el área de bioingeniería, nanotecnología, robótica, industrias de procesos "verdes" (no contaminantes), desarrollos de software para nanotecnología y robótica, inteligencia artificial, desarrollo de la nanorobótica medicinal, neurociencias, comunicaciones, generación de energía de fuentes renovables, ciencias de la información e investigaciones de base de todo tipo.

Debiera estimularse a esta masa crítica para su estrecha imbricación con proyectos y centros de investigación y desarrollos internacionales que se encuentren en el borde de la investigación de punta en sus respectivos campos.

Entre los estímulos necesarios debiera destacarse el brindado a los emprendedores con tratamientos impositivos especiales, simplificación de trámites, facilitación de sistemas de pagos y cobros internacionales, subsidios racionales a las tasas de mercado y apoyos de gestión a proyectos auditados.

Hacia allí debieran dirigirse los esfuerzos presupuestarios, desplazando hacia la inversión privada todos los aspectos en que se requieran flujos de inversión de escasa agregación tecnológica de punta. Ellos configuran ya tecnologías maduras con suficiente competencia, en los que la presencia del Estado deberá concentrarse en su faz regulatoria y de control, limpieza en los procesos licitatorios, protección de derechos de los usuarios, garantía de neutralidad y seguridad jurídica, pero sin distraer fondos públicos del objetivo central de largo plazo.

19. Estamos protagonizando el surgimiento de una nueva economía basada en el "big data", los mega-servidores o "servidores Sirena", la adhesión de las personas a redes controladas por empresas que conjugan la prestación de servicios con una nueva especie de "espionaje global" y la creación de redes superpuestas y múltiples apoyadas, en última instancia, en los micro-datos incorporados por las personas sin conocimiento de su valor y consecuencias. Esa nueva economía debe contar con normativas adecuadas que instruyan y

defiendan a los usuarios, los ayuden a dimensionar, preservar y valorar sus datos personales y los protejan ante el portentoso poder de los grandes dueños de información, reglamentando el valor legal de los vínculos, sus recaudos y su sistema de "bajas" hasta llegar al ideal de la monetización de la infinidad de micro-datos que circulan por la red con información originada en los usuarios, convertidos en fuente de riqueza para los mega-servidores. La reglamentación no debe obstaculizar el funcionamiento ni el desarrollo de la nueva economía, pero sí resguardar la equidad en la distribución de sus frutos a partir de su átomo básico: la propiedad de la información.

El futuro nos arrastra

Bibliografía

Jon von Neumann. Matemático húngaro. Primero en usar el término "Singularidad". Trabajo póstumo: "Teoría de los autómatas autoreproducidos", desarrollando la tesis de la superioridad de los artefactos computacionales en condiciones de automultiplicarse, como herramientas para colonización eventual de espacios lejanos, como exploraciones mineras a gran escala en superficie lunar, o en el cinturón de asteroides.

I.J. Good (Isidore Jacob Gudak). Matemático. Utiliza el término "Explosión de inteligencia" en un escrito de 1965, suponiendo que las máquinas podrían superar el intelecto humano, autodiseñarse en forma no prevista por sus constructores humanos y llegar a una gran inteligencia. Sostiene que si bien al comienzo las máquinas no lograrían grandes avances, una vez puestas "en cadena" o en serie llegarían rápidamente a la superinteligencia, o "Singularidad". Entre sus obras se destacan "Speculations Concerning the First Ultraintelligent Machine" y "Logic of Man and Machine". Colaboró en la redacción del guión de la película "2001 – Odisea del Espacio".

Marvin Minski. Inventor, autoridad en Inteligencia artificial. Libros: "The Society of Mind", "Perceptions", y "The Emotion Machine". Ray Kurzweil lo menciona como su mentor.

Vernon Vinge. Escritor de ciencia ficción, impulsó desde 1983 estudios sobre la Singularidad, pronosticando la expansión de la inteligencia artificial luego que las máquinas lleguen al umbral de la inteligencia humana y comiencen a vincularse entre sí. Obras: "A Fire Upon the Deep, A Deepness in the Sky", "Bookworm, Run!", "True Names", "Rainbows End", etc.

Hans Moravec. Robotista, visionario. Libros: "Mind Children" -1988-, "Robot: Mere Machine to Transcendent Mind" -1998-. Predice el reemplazo de la humanidad por un mundo robótico con inteligencia artificial para 2040.

Robin Hanson. Economista de la George Mason University. Sostiene que la singularidad – considerada como cambios revolucionarios de crecimiento exponencial en la economía- se han producido en la historia en las revoluciones agrícola e industrial. Pronostica que la próxima singularidad, disparada por la innovación, multiplicará la producción entre 60 y 250 veces, reemplazando por máquinas la totalidad del trabajo humano.

Nick Bostrom. Académico Universidad de Oxford. Especialista en el desarrollo del "principio antrópico". Sostiene que la singularidad se alcanzará en el primer tercio del siglo XXI. Alerta sobre los riesgos y sugiere avanzar paso a paso, para poder controlar el proceso midiendo las consecuencias. Entre sus libros se encuentran "Superintelligence: Paths, Dangers, Strategies" y "Anthropic Bias: Observation Selection Effects in Science and Philosophy".

Eliezer Yudkowsky. Investigador de Inteligencia Artificial, cofundador del "Singularity Institute for Artificial Intelligence (SIAI). Libros: "Creating Friendly AI" -2001- y "Levels of Organization in General

Intelligence" (2002). Preocupado por la capacidad de la singularidad para provocar la extinción de la humanidad, ha dedicado sus investigaciones para estudiar la "singularidad sobrevivible".

Ulrich Beck. Sociólogo y cientista social austríaco. Neomarxista, estudioso de la agenda del Cosmopolitismo Consciente. Autor de la tesis sobre la Sociedad de Riesgo Global, que sostiene el cambio de paradigmas de análisis desde las sociedades nacionales de conflicto, hacia la sociedad global cooperativa. Libros: "World Risk Society", "What is Globalization?", "La mirada cosmopolita o la guerra es la paz", "World at Risk", "German Europe".

Zygmunt Bauman. Sociólogo polaco, exilado en Londres desde 1971, víctima de una campaña antisemita del gobierno comunista polaco. Teórico de la "sociedad líquida". Su postulado central es la observación de la dilución de los marcos sociales rígidos que absorbían las identidades humanas durante el mundo moderno, y el surgimiento de un nuevo individualismo elaborado por cada persona. También sobre la pérdida de vigencia actual del concepto de "sociedad", elaborado sobre el paradigma de los estados nacionales. Libros: "Modernidad y holocausto", "Work, consumerism and the new poor", "Globalization: The Human Consequences", "Liquid Modernity", "Society Under Siege", "Liquid Love: On the Frailty of Human Bonds", "Wasted Lives", "Identity: Conversations with Benedetto Vecchi".

Alvin Toffler. Escritor futurista norteamericano. Temas de reflexión y debate: revolución digital, revolución comunicacional, singularidad tecnológica. Obras: "Future shock", "The third wave", "Creating a New Civilization".

Jeremy Rifkin. Escritor norteamericano, economista y teórico social. Especialista en la influencia de los cambios científicos y tecnológicos en la economía. Autor de 20 libros de alto impacto, el último de los cuales fue "The Zero Marginal Cost Society: the Internet of Things, the Collaborative Commons, and the Eclipse of Capitalism".

David Chalmer. Filósofo australiano, Neurocientífico. Su visión particular es que sucederá a través de la auto-amplificación de la inteligencia. Sostiene que su único requerimiento es que una máquina inteligente sea capaz de crear una inteligencia mayor que la propia. Sugiere que el mejor camino es simular la evolución. Sostiene que si se arriba a una inteligencia mayor a la humana, se dará en un mundo virtual y no real. Obras: "Facing Up to the Problem of Consciousness", "The Conscious Mind: In Search of a Fundamental Theory".

Juan Scaliter. Periodista científico argentino. Ha desarrollado una prolífica obra de divulgación científica en publicaciones prestigiosas como GEO, Muy Interesante, Quo, etc. Actualmente radicado en España. Es autor de "Exploradores del futuro".

Jaron Lanier. Tecnólogo norteamericano. Destacamos entre sus obras "¿Quién controla el futuro?" (2012, versión en español en 2014) en la que analiza las características centrales de la microinformación, el "big data" y la capacidad de computación de esos datos como principal capital de la nueva economía.

Raymond Kurzweil. Sus obras, entre otras, "La singularidad está cerca" (2005, imprescindible y canónica en el tema), "Cómo crear una mente" (2012), "La era de las máquinas inteligentes" (1990) y "La era de las máquinas espirituales" (1999) son imprescindibles para entender la profundidad y el creciente ritmo de evolución humana, sobre el crecimiento de la información y el desarrollo científico técnico.

Otros autores: Alan Turing, Eric Drexler, Ben Goertzel, Anders Sandberg, John Smart, Shane Legg, Marin Rees, Stephen Hawking.

Libro de edición argentina
Editado en formato e-book
Buenos Aires, 2015
Edición de autor
Ricardo Lafferriere
Reproducción libre, citando la fuente